essentials

essentials liefern aktuelles Wissen in konzentrierter Form. Die Essenz dessen, worauf es als „State-of-the-Art“ in der gegenwärtigen Fachdiskussion oder in der Praxis ankommt. *essentials* informieren schnell, unkompliziert und verständlich

- als Einführung in ein aktuelles Thema aus Ihrem Fachgebiet
- als Einstieg in ein für Sie noch unbekanntes Themenfeld
- als Einblick, um zum Thema mitreden zu können

Die Bücher in elektronischer und gedruckter Form bringen das Expertenwissen von Springer-Fachautoren kompakt zur Darstellung. Sie sind besonders für die Nutzung als eBook auf Tablet-PCs, eBook-Readern und Smartphones geeignet. *essentials:* Wissensbausteine aus den Wirtschafts-, Sozial- und Geisteswissenschaften, aus Technik und Naturwissenschaften sowie aus Medizin, Psychologie und Gesundheitsberufen. Von renommierten Autoren aller Springer-Verlagsmarken.

Weitere Bände in der Reihe http://www.springer.com/series/13088

Stefanie Jensen · Martin Ohlwein

Nostalgie als Chance für die Markenpositionierung

Wie positive Erinnerungen Marken differenzieren können

Stefanie Jensen
Fakultät Wirtschaftswissenschaften
Hochschule für Technik und Wirtschaft
des Saarlandes
Saarbrücken, Deutschland

Martin Ohlwein
International Marketing, International
School of Management
Frankfurt, Deutschland

ISSN 2197-6708 ISSN 2197-6716 (electronic)
essentials
ISBN 978-3-658-28062-8 ISBN 978-3-658-28063-5 (eBook)
https://doi.org/10.1007/978-3-658-28063-5

Springer Gabler

Springer Gabler ist ein Imprint der eingetragenen Gesellschaft Springer Fachmedien Wiesbaden GmbH und ist ein Teil von Springer Nature.
Die Anschrift der Gesellschaft ist: Abraham-Lincoln-Str. 46, 65189 Wiesbaden, Germany

Was Sie in diesem *essential* finden können

- Die Bezugnahme auf Markenerbe bzw. Markennostalgie als strategische Optionen
- Das Markennostalgie innewohnende Chancenpotenzial
- Ansatzpunkte, wie das eigene Leistungsangebot mittels Bezug zur Vergangenheit im Wettbewerbsumfeld differenziert werden kann

Vorwort

Früher war nicht alles besser. Bei rationaler Betrachtung spricht sogar etliches dafür, dass früher einiges schlechter war. Gleichwohl sehnen sich viele Menschen nach der Vergangenheit. Ein Grund hierfür ist, dass die Erinnerung der meisten Individuen einer ‚Rosige Vergangenheit'-Verzerrung unterliegt (Mitchell et al. 1997); negative Erlebnisse werden vergleichsweise schnell(er) vergessen. Einen Bogen zu den ‚guten alten Zeiten' zu schlagen, eröffnet dem Marketing daher zahlreiche Chancen.

Dieses *essential* zeigt Ihnen, wie die Sehnsucht nach der Vergangenheit genutzt werden kann, um eine Marke zu differenzieren und zu profilieren. Der aktuelle Stand der internationalen Forschung zum Thema Markennostalgie wird mit praktischen Empfehlungen verknüpft, wie sich Marketingmanager eine Reminiszenz an die Vergangenheit zunutze machen können, um Konsumenten für ihre Marke zu gewinnen und sie an sie zu binden.

Den Anstoß zu diesem Buch gaben unsere langjährigen Erfahrungen sowohl in Beratungsprojekten für als auch in Leitungsfunktionen in Unternehmen mit starken, über Jahrzehnte gewachsenen Marken im Industrie-, Konsumgüter- sowie Dienstleistungsbereich. Die Praxis belegt, dass Kunden Marken mit Vergangenheit schätzen. Eine in der Vergangenheit begründete Beziehung zwischen einem Individuum und einer Marke stiftet Vertrauen und Loyalität. Wir fanden die starke emotionale Beziehung, die Kunden zu Marken mit einer Vergangenheit aufbauen können, so interessant, dass wir diese Kunden-Marken-Dyade in den Mittelpunkt unserer Forschungsarbeiten gestellt haben. Dabei haben wir unter anderem festgestellt, dass Marken mit einer Historie keineswegs nur bei den älteren Generationen punkten, sondern gerade auch beim jungen Publikum positive, nostalgische Gefühle auslösen können.

Dieses *essential* richtet sich sowohl an Marketing-Praktiker – Marken-Verantwortliche in Unternehmen und Markenstrategen in Agenturen und Beratungen – als auch an die wissenschaftliche Marketing-Gemeinschaft. Es gibt Denkanstöße, inspiriert und vermittelt praktische Empfehlungen für die Markenarbeit. Wir freuen uns, wenn unsere Ausführungen auf eine breite interessierte Leserschaft treffen.

Eine Vielzahl von Personen hat uns dabei unterstützt, dieses *essential* zu erstellen. Bei Sebastian Burczyk und Dorothee Fischer bedanken wir uns für ihre inhaltlichen Impulse zu einzelnen Aspekten von Markennostalgie. Auf Verlagsseite geht unser besonderer Dank an Anette Villnow und Imke Sander, die dieses Projekt konstruktiv begleitet haben und uns stets mit Rat und Tat zur Seite standen.

Ihnen, liebe Leserin und lieber Leser, wünschen wir eine kurzweilige, interessante und gewinnbringende Lektüre!

Frankfurt am Main/Hirschberg
Juli 2019

Martin Ohlwein
Stefanie Jensen

Inhaltsverzeichnis

1 Die Sehnsucht nach der Vergangenheit als Chance zur Differenzierung

Heute sind sich in zahlreichen Branchen die offerierten Produkte in funktionaler Hinsicht vergleichsweise ähnlich und damit austauschbar. Diese funktionale Homogenität stellt Unternehmen vor die Herausforderung, einen alternativen Ansatzpunkt für einen Wettbewerbsvorteil zu finden. Neben der Kostenführerschaft und einem Fokus auf eine Marktnische hat sich die Differenzierung mittels eines spezifischen Zusatznutzens als eine strategische Stoßrichtung etabliert. Um das eigene Leistungsangebot von dem des Wettbewerbs abzuheben, existiert eine Vielzahl von Optionen. Hierzu zählen u.a. ein einzigartiges und ansprechendes Produktdesign, das Angebot einer ganzheitlichen Systemlösung, ein überlegenes Vertriebssystem, ein kundenzentriertes Serviceangebot und eine Markierung des Produktes. Eine **starke Marke** nimmt in diesem Zusammenhang vielfach eine Schlüsselstellung ein.

Neben der Markenbekanntheit und der Markenloyalität zählen **Markenassoziationen** bzw. das Markenimage zu den zentralen Komponenten des Markenwertes (Aaker und McLoughlin 2010). Das Markenimage umfasst all jene Assoziationen, die ein Konsument direkt oder indirekt mit einer Marke verknüpft. Diese beziehen sich sowohl auf immaterielle als auch auf materielle Werte: Zugehörigkeit zu einer bestimmten sozialen Gruppe, Identifikationspotenzial, Status oder Produktqualität. Eine solche Verknüpfung kann mittels gezielten Markenmanagements erzeugt werden. Zugleich gibt es aber auch Marken, mit denen per se vielfältige Vorstellungen verknüpft sind. Die Historie einer Marke (Markenerbe) bzw. die bisherige persönliche Beziehung zu einer Marke (Markennostalgie) sind zwei Beispiele für ein solches inhärentes Attributebündel.

Empirische Studien belegen, dass Konsumenten positiv auf Traditionsmarken bzw. Marken, mit denen sie positive Erinnerungen verbinden, reagieren

S. Jensen und M. Ohlwein, *Nostalgie als Chance für die Markenpositionierung*,
essentials, https://doi.org/10.1007/978-3-658-28063-5_1

(Brown et al. 2003; Orth und Gal 2012). Diese Wirkung wird der Fähigkeit derartiger Marken zugesprochen, ein Gefühl der Nostalgie zu erzeugen bzw. bei Konsumenten positiv belegte Interaktionen mit dieser Marke aus der Vergangenheit zu erinnern (Braun-LaTour et al. 2007).

Markenerbe vs. Markennostalgie – same same, but different! 2

Im Marketing existieren zwei Konzepte, die sich mit der Vergangenheit einer Marke befassen: Markenerbe und Markennostalgie. Auch wenn sich diese Konzepte auf den ersten Blick ähneln, verdeutlichen deren Definitionen und Charakteristika, dass ihnen unterschiedliche Blickwinkel auf die Vergangenheit einer Marke bzw. die Beziehung zwischen Marke und Individuum zugrunde liegen.

2.1 Das Markenerbe als Element der Markenidentität

▶ **Markenerbe** Markenerbe bezeichnet laut Urde et al. (2007) ein Element der Markenidentität, das in den (früheren) Erfolgen und Leistungen einer Organisation, ihrer Beständigkeit, ihren zentralen Unternehmenswerten, der Verwendung von Symbolen und, vor allem, der in der Organisationskultur fest verankerten Überzeugung gründet, dass die eigene Vergangenheit für das Handeln eine zentrale Rolle spielt.

Das Konzept des Markenerbes nimmt somit – analog zur Markenidentität – die interne Unternehmens- anstelle einer externen Zielgruppenperspektive ein (Jensen et al. 2019; Pecot et al. 2018). Ob ein Unternehmen bzw. eine Marke über ein Erbe verfügt, lässt sich folglich zuverlässig nur anhand interner Informationen bewerten. Ein vorhandenes Markenerbe spiegelt sich i. d. R. in sechs Eigenschaften wider (Balmer 2013):

1. **All-Zeitlichkeit:** die Marke schlägt eine inhaltliche Brücke zwischen Vergangenheit, Gegenwart und Zukunft

S. Jensen und M. Ohlwein, *Nostalgie als Chance für die Markenpositionierung*, essentials, https://doi.org/10.1007/978-3-658-28063-5_2

2. **Kontinuität institutioneller Charakteristika:** die Eigentümerstruktur (z. B. Familienunternehmen, börsennotiertes Unternehmen), die grundsätzliche Organisationsstruktur (z. B. Partnerschaft, Kapitalunternehmen), unternehmerische Grundprinzipien bzw. die Unternehmenskultur (z. B. Gemeinnützigkeit, Ökologieorientierung), der Produkt- bzw. Servicefokus (z. B. Mobilitätsdienstleistungen, Luxusuhren), der Prozess der Produktherstellung bzw. Dienstleistungserbringung (z. B. Herstellung von Hand, Fair Trade), das Qualitätsniveau (z. B. mittleres Qualitätssegment, Premiumsegment), der Unternehmensstandort (z. B. Gütersloh, Wolfsburg), die Zugehörigkeit zu einer Interessengruppe bzw. ständischen Vereinigung (z. B. Genossenschaft, Handwerk), das Design bzw. die Formgebung (z. B. Produktdesign, unternehmens- bzw. markentypische Farbgebung) und die Unternehmenskommunikation (z. B. Schlüsselsymbole und -figuren wie Klementine für Ariel, Herr Kaiser für die Hamburg-Mannheimer und Claudia Bertani für Mon Cheri) zeichnen sich durch eine hohe Beständigkeit aus
3. **Persönliche Verbindung über Generationen hinweg:** personenbezogene Kontinuität in der Beziehung zu Kunden, Lieferanten und anderen Interessengruppen (externe Erbfolge) bzw. der Eigentümerschaft und bei Angestelltenverhältnissen (interne Erbfolge); die Länge einer angemessenen Zeitspanne hängt insbesondere von der Kultur (z. B. asiatische vs. angelsächsische Kultur) und dem Produktsegment (z. B. Computer vs. Versicherungen) ab
4. **Umfassende Rollenidentität:** die Identität des Unternehmens bzw. der Marke umfasst auch eine zeitliche (z. B. Frankfurter Sparkasse 1822), eine territoriale (z. B. Café Sacher Wien), eine kulturelle (z. B. VW Käfer), eine soziale (z. B. Deutsches Rotes Kreuz) und/oder eine familienbezogene (z. B. Bankhaus Metzler) Komponente
5. **Nutzenstiftung für mehrere Generationen von Interessengruppen:** die Organisation befriedigt die Wünsche und Bedürfnisse mehrerer Generationen von Kunden und anderer Interessengruppen und pflegt deren Affinität zu der Unternehmung bzw. Marke sowie die Authentizität des Markenerbes
6. **Sicherung des Markenerbes als Verantwortung der Unternehmensleitung:** das Management ist sich der Kernbestandteile des Unternehmens- bzw. Markenerbes, des Wertes dieser Ressource sowie seiner Verantwortung dafür, das Erbe zu wahren, bewusst

Gleichwohl greift nicht jede Marke, die ein Markenerbe besitzt, dieses auch aktiv auf. Von einer **Traditionsmarke** spricht man, wenn sich das Markenerbe in der Positionierung und im Leistungsversprechen widerspiegelt. Verzichtet eine Marke hierauf, obwohl sie über ein Markenerbe verfügt, bezeichnet man sie hingegen als **Marke mit Tradition.**

Traditionsmarke und Marke mit Tradition im Luxusuhrensegment

Im Segment der Luxusuhren verfügen sowohl Patek Philippe (gegründet 1839) als auch TAG Heuer (gegründet 1860) über ein umfassendes Markenerbe. Während das eigene Erbe ein zentrales Element der Markenidentität von Patek Philippe verkörpert (Traditionsmarke), sieht sich TAG Heuer als ein Unternehmen, das die Uhrmacherei durch technische und ästhetische Innovationen immer wieder revolutioniert (Marke mit Tradition). Die jeweilige Positionierung spiegelt sich in den Slogans ‚Begin your own tradition' (Patek Philippe) und ‚Swiss avant-garde since 1860' (TAG Heuer) prägnant wider.

Ein Markenerbe differenziert nur dann gegenüber dem Wettbewerb, wenn es von den Zielkunden wahrgenommen wird. Diese Wahrnehmung setzt sich aus drei Komponenten zusammen: Stabilität, Langlebigkeit und Anpassungsfähigkeit (Balmer 2011; Merchant und Rose 2013). **Stabilität** ergibt sich aus der langfristigen Konstanz der Markenwerte, des Markenversprechens sowie der Markensymbole. Hierin kommt auch die hohe Stabilität des institutionellen Rahmens zum Ausdruck (Balmer 2013). Kunden sprechen der Marke zu, Kontinuität zu besitzen, zeitlos zu sein, stets in Mode zu bleiben und auch zukünftig auf dem Markt verfügbar zu sein. **Langlebigkeit** korrespondiert mit dem Anspruch der Unternehmung, ihre Tradition und ihre Wurzeln zu wahren. In den Augen der Nachfrager strahlt eine solche Marke nicht nur Tradition aus, sondern verstärkt und pflegt diese sogar, sie besitzt Wurzeln und hat einen starken Bezug zur Vergangenheit. In der Komponente **Anpassungsfähigkeit** spiegelt sich eine gelungene Balance zwischen einem radikalen (unternehmerischen) Wandel und organisatorischer Immobilität wider (Hudson 2011). Die Bewahrung des Markenerbes erfordert eine langfristige Strategie, die zum einen die Marke evolutionär weiterentwickelt, um mit den Veränderungen im Marktumfeld mitzuhalten, hierbei aber stets die Vergangenheit anerkennt und wertschätzt. Aus der Sicht des Marktes versteht es die Marke, sich neu zu erfinden und aufzufrischen, ohne dabei ihre Historie zu vernachlässigen.

Markenerbe kann explizit oder implizit kommuniziert werden (Aaker 1996; Urde et al. 2007). Bei einer **expliziten Kommunikation** wird auf das Markenerbe durch sichtbare Zeichen wie z. B. das Gründungsjahr (TEEKANNE Tee seit 1882, Lindt Schweizer Maître Chocolatier seit 1845), eine Person (das lächelnde Kindergesicht auf den Verpackungen von Brandt Markenzwieback bzw. kinder Schokolade), ein Verweis bzw. eine Referenz (Holstentor im Logo von Niederegger Lübeck) oder ein Wappen (ritterliches Zweikampfspiel mit der Lanze zu Pferd im Logo von Faber-Castell, gekreuzte Schwerter als Markenzeichen der Staatlichen Porzellan-Manufaktur Meissen) Bezug genommen (Hakala et al. 2011). Bei der **impliziten Kommunikation** genügt die Nennung der Marke, um ein latent in den Köpfen der Konsumenten vorhandenes Wissen um das Markenerbe zu aktualisieren (z. B. Nivea, Mercedes-Benz).

Explizite Kommunikation des Markenerbes auf den Verpackungen von Brandt Markenzwieback

Seit 1929 schmückt ein lächelndes Kindergesicht die Verpackungen von Brandt Markenzwieback. Seitdem waren die vier in Abb. 2.1 wiedergegebenen Kinder zu sehen. Bei der ersten Darstellung eines Mädchens handelte es sich noch um eine Zeichnung, die drei folgenden sind Fotografien von Jungengesichtern, wobei sich die Bildsprache jeweils nur geringfügig unterscheidet. Das derzeit verwendete Gesicht ziert die Verpackungen seit 1983.

Das einer Marke kundenseitig zugesprochene Erbe muss keinesfalls auf realen Fakten beruhen, sondern kann auch lediglich wahrgenommen sein. Dies belegt eine Studie, in der Konsumenten eines von zwei (fiktiven) Logos einer zwar real existierenden, ihnen aber unbekannten Marke vorgelegt bekamen. Diese variierten in drei Komponenten: Schrifttype, Darstellung des Stammsitzes und Name des Gründers. Während im einen Logo eine Schrifttype gewählt wurde, die Tradition vermittelt, ein historischer Bau den Unternehmenssitz repräsentierte und der Name des Gründers in Handschrift eingefügt war, wurden auf dem anderen Logo eine moderne Schrifttype, ein futuristisches Gebäude sowie für die Unterschrift Druckbuchstaben verwendet. Im ersten Fall sprachen die Probanden der Marke ein statistisch signifikant höheres Maß an Markenerbe zu (Pecot et al. 2018).

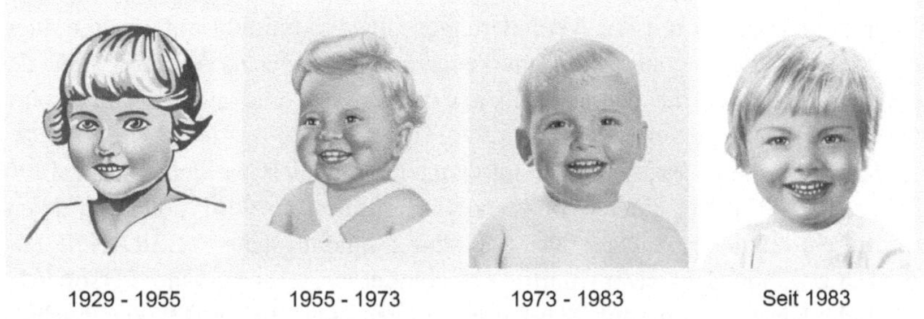

Abb. 2.1 Kindergesichter auf den Verpackungen von Brandt Markenzwieback seit 1929

2.2 Die Markennostalgie als Bestandteil des Markenimage

Auch wenn das Konzept der Nostalgie in einem nicht-ökonomischen Kontext wurzelt, so hat es sich in den letzten Jahren im Marketing etabliert. Unterschiedliche Spielarten von Nostalgie sind identifiziert, und es besteht Klarheit darüber, wie sich Markennostalgie hervorrufen lässt. Zu den Auslösern zählen Produkte und Marken, die ein Konsument mit seiner eigenen Vergangenheit verbindet.

2.2.1 Das Konzept der Nostalgie aus der Marketingperspektive

▶ **Nostalgie** Nostalgie kann als Präferenz, Sympathie, positive Einstellung oder positives Gefühl gegenüber einem Objekt, sei es ein Mensch, eine Sache oder ein Ort, das in der Vergangenheit in Mode, populärer oder weiter verbreitet als heute war, beschrieben werden (Holbrook und Schindler 1991).

Der Begriff der Nostalgie tauchte erstmals im 17. Jahrhundert im Bereich der Medizin auf und bezeichnete damals das, was man heute unter Heimweh versteht. Die ursprüngliche Wortbedeutung leitet sich aus dem Griechischen *nostos* (Rückkehr) und *algos* (Schmerz) ab und beschreibt das schmerzhafte Verlangen, nach Hause zurückkehren zu wollen (Davis 1977). Über die Jahrhunderte wurde das Konzept der Nostalgie inhaltlich weiterentwickelt, und es fand interdisziplinär Anwendung, so unter anderem in der Philosophie und Psychoanalyse, wo man das Verlangen nach dem Vergangenen als (Abwehr-)Strategie versteht, um mit den Diskontinuitäten des Lebens umzugehen (Kessous und Roux 2013).

Seit den 1990er Jahren findet Nostalgie im Marketing verstärkte Beachtung. Für das Marketing ist die Beschäftigung mit der Sehnsucht nach der Vergangenheit interessant, da man sich davon verspricht, einen weiteren Beitrag zur Erklärung von Konsumentenpräferenzen gefunden zu haben.

Nostalgische Empfindungen besitzen kognitive und affektive Dimensionen. Die kognitive Seite bezieht sich auf das Erinnern, Reflektieren, Bewerten von und Wissen über vergangene Begebenheiten. Die affektive Komponente zielt auf Emotionen wie Freude, Glück oder Wohlbefinden ab, die durch diese Kognitionen ausgelöst werden (Davalos et al. 2015). Auch Traurigkeit wird mit Nostalgie in Verbindung gebracht, wenngleich in den Forschungsarbeiten Einigkeit besteht, dass positive Gefühle die negativen überstrahlen (Kießling 2013). Erinnerungen an die guten alten Zeiten sind selektiv und werden häufig im Nachhinein durch eine ‚rosarote Brille' gefiltert, sodass das Positive dominiert (Havlena und Holak 1991; Holbrook und Schindler 1991). Die Vergangenheit wieder aufleben zu lassen erzeugt Gefühle von Freude, Zuneigung und Wärme. Gleichermaßen stellen sich Traurigkeit, Bedauern und Verlustgefühl ein, da sich die guten alten Zeiten nicht wiederherstellen lassen (Holak und Havlena 1998). Nostalgischen Erinnerungen wird aus diesem Grund ein bittersüßer Beigeschmack zugeschrieben (Divard und Robert-Demontrond 1997).

Die Erinnerungen an die Vergangenheit können je nach Auslöser in unterschiedliche Nostalgiearten eingeteilt werden. Die echte oder **persönliche Nostalgie** lässt eigene Erlebnisse und damit verbundene Gefühle wiederaufleben, sofern entsprechende Stimuli gegeben sind. Die **kollektive Nostalgie,** auch als kulturelle Nostalgie bezeichnet, bezieht sich auf das nostalgische Empfinden einer bestimmten Generation, Kultur oder Nation in Bezug auf geteilte Erlebnisse. So besitzt jede Generation, Kultur oder Nation nostalgische Bezugspunkte, die nicht zwangsläufig auch in anderen Gruppen Nostalgie auslösen (Baker und Kennedy 1994). Beispielsweise weckt die 1968er Bewegung bei vielen Vertretern der älteren Generationen nostalgische Gefühle, bei jüngeren Generationen hingegen nicht zwingend.

Daneben können Stimuli ohne direkten persönlichen Bezug Nostalgie auslösen. Sie beziehen sich auf nicht selbst erfahrene Erlebnisse und auf Zeiten, die vor der eigenen Lebensspanne liegen. Der Rekurs auf nicht selbst erfahrene Erlebnisse kann interpersonelle oder historische Nostalgie auslösen (Havlena und Holak 1996). Die **historische Nostalgie,** auch virtuelle oder stellvertretende Nostalgie genannt, zielt auf Ereignisse ab, die z. B. über die Medien vermittelt werden, ohne dass es zu einem persönlichen, direkten Bezug kam. Häufig liegen diese Ereignisse in Epochen vor der eigenen Geburt. Die **interpersonelle Nostalgie,** auch simulierte Nostalgie genannt, umfasst Erlebnisse von i. d. R. älteren Personen aus dem näheren Umfeld, die an jüngere weitergegeben werden. Eltern und Großeltern berichten von ihren Lebenserfahrungen und schaffen damit für die Nachkommen eine Verbindung zur Vergangenheit.

▶ Der Unterschied zwischen den vier Nostalgiearten lässt sich durch die folgenden Kurzcharakteristiken beschreiben: ‚the way I was' für persönliche, ‚the way we were' für kollektive ‚the way my loved ones were' für interpersonelle und ‚the way it was' für historische Nostalgie (Kießling 2013; Stern 1992).

Die interpersonelle Nostalgie stellt eine besondere Form der historischen Nostalgie dar, während die kollektive Nostalgie der persönlichen Nostalgie zugeordnet werden kann. Aus diesem Grund beziehen sich die folgenden Ausführungen auf die Ausprägungen persönliche und historische Nostalgie, die die interpersonelle und kollektive Variante umfassen.

Nostalgische Gefühle und Erinnerungen können von einer Vielzahl von Stimuli ausgelöst werden (Holbrook und Schindler 2003). Dazu gehören u. a.

- Eindrücke über die Sinnesorgane (z. B. Gerüche oder Geräusche, die an Vergangenes erinnern),
- Bezüge zum Heimatland (z. B. durch Objekte, die einem bestimmten Land zugeschrieben werden),
- bedeutende Momente (z. B. persönliche oder historische Höhepunkte wie private Feste oder Jahresfeiern),
- Gefühle und Werte (z. B. Sicherheit, Geborgenheit, Kreativität oder Leistung),
- Dinge, die an Freunde oder nahestehende Personen erinnern (z. B. Gegenstände, die eine enge soziale Bindung ausdrücken), ebenso wie
- Objekte aus der Vergangenheit (z. B. Artefakte mit historischem Bezug oder Alltagsprodukte mit einer Verbindung zur eigenen Kindheit).

2.2.2 Marken als Auslöser nostalgischer Empfindungen

Im Bereich des Markenmanagements stößt das Phänomen Nostalgie auf großes Interesse, da Untersuchungen zeigen, dass Kommunikationsmaßnahmen und Marken nostalgische Gefühle auslösen können (Braun-LaTour et al. 2007). Besonders nostalgische Marken sind in der Lage, den Konsumenten mit der Vergangenheit zu verbinden. Nostalgische Marken sind Marken, die in der Vergangenheit populär waren und es heute häufig immer noch sind (Loveland et al. 2010).

In diesem Zusammenhang findet sich häufig der Begriff der Retro-Marke oder Retro-Brand. Es geht dabei um Produkt- oder Dienstleistungsmarken mit Ursprung in der Vergangenheit, die üblicherweise, aber nicht zwangsläufig auf den neuesten Stand von Leistung und Funktionsweise gebracht wurden. Somit handelt es sich bei Retro-Brands zwar um neu produzierte Produkte, aber mit einem Vergangenheitsbezug im Fokus, sodass sie u. U. sogar altmodisch wirken (Brown et al. 2003). Beispiele für Retro-Brands sind der VW New Beatle, der BMW Mini ebenso wie Elektrogeräte im Stil der 1950er oder 1960er Jahre, z. B. von Nordmende oder Dual. Häufig steht die Reminiszenz an die Vergangenheit über das Design im Vordergrund, wohingegen Funktion und Leistung den aktuellen Anforderungen entsprechen. Auch im Dienstleistungsbereich sind Beispiele für Retro-Angebote vielzählig. Das Wiederaufblühen von Barbier-Stuben (Barbour Shops) oder neu eröffnete Cafés im Stil der Wiener Jahrhundertwende stehen hierfür stellvertretend.

Neben Marken mit einer tatsächlichen Vergangenheit können auch junge und sogar fiktive Marken Nostalgie auslösen, wenn ihr Auftritt nostalgisch inszeniert wird. In einer Studie bewerteten Befragte eine fiktive Marke hinsichtlich ihrer nostalgischen Eigenschaft, nachdem die eine Hälfte der Befragtengruppe Produktanzeigen mit einem historischen Kontext und die andere Hälfte Anzeigen ohne Bezüge zur Vergangenheit betrachtet hatte. Im Fall der historisch gestalteten Werbung wurde der fiktiven Marke ein eindeutig nostalgischer Charakter zugesprochen, im anderen Fall eindeutig nicht (Muehling und Pascal 2011).

Ob eine Marke als nostalgisch oder nicht angesehen wird, liegt in der subjektiven Einschätzung des einzelnen Konsumenten, genauso wie das hervorgerufene Niveau von Nostalgie (Divard und Robert-Demontrond 1997). An dieser Stelle setzt das Konzept der Markennostalgie an, das die Intensität an Nostalgie, die eine Marke auslöst, zum Gegenstand hat.

▶ **Markennostalgie** Der Begriff Markennostalgie beschreibt die positiv geprägten vergangenheitsbezogenen Gefühle, die ein Individuum empfindet, wenn eine aus der Vergangenheit stammende Marke positive selbst erfahrene oder tradierte Erinnerungen hervorruft (Bartier 2013).

Fazit

Markenerbe und Markennostalgie weisen Gemeinsamkeiten, aber auch zwei wesentliche Unterschiede auf. Gemeinsam ist beiden Konzepten, dass sie eine inhaltliche Verbindung zur Vergangenheit herstellen, die die Chance bietet, sich im Wettbewerbsumfeld zu differenzieren. Unterschiede bestehen hinsichtlich des Bezugsobjektes und der eingenommenen Perspektive. Während sich Markenerbe ausschließlich auf das Unternehmen bzw. die Marke und seine Geschichte bezieht, hat Markennostalgie die Beziehung zwischen einem Individuum und einer Marke zum Gegenstand. Ausgangspunkt des Markenerbes ist die Markenidentität, d. h. das Selbstbild der internen Bezugsgruppen (Führungskonzept). Im Gegensatz dazu wird Markennostalgie als Bestandteil des Markenimage, d. h. des Fremdbildes der externen Zielgruppe (Wirkungskonzept) gesehen.

3 Die Sehnsucht nach der Vergangenheit als Nährboden von Präferenzen und Kaufabsicht

Die Gründe, warum sich Konsumenten gerne an die eigene Vergangenheit erinnern, sind unterschiedlich. Marken können diese Erinnerungen auslösen und verstärken. Eine Verbindung zur Vergangenheit erweist sich für jene Marken von Vorteil, die nostalgische Gefühle wecken. Die vorteilhaften Effekte reichen von einer positiven Einstellung über eine Präferenz der Konsumenten bis hin zu einer höheren Kaufabsicht für diese Produkte.

3.1 Die Attraktivität des Vergangenen

Aus konzeptionellen und empirischen Befunden der Nostalgie-, Motiv- und Selbstkonzeptforschung können vielfältige Gründe für den Rückgriff auf Vergangenes abgeleitet werden. Zentral dabei sind die der Zuwendung zur Vergangenheit zugrunde liegenden Motive und Bedürfnisse. Diese können durch Marken befriedigt werden, die den Konsumenten mit vergangenen Zeiten verbinden.

Eine Ursache für den Rückgriff auf Altbekanntes stellt das Bedürfnis nach **Selbstbestätigung** und **Schutz des Selbstwertes** dar. Inkonsistente oder bedrohliche Ereignisse lösen Unsicherheit und Bedrohung des Selbstkonzepts aus und führen zum Streben nach Konsistenz und Kontinuität, das durch Vertrautes aus vergangener Zeit wiedererlangt werden kann. Dabei muss nicht immer eine tatsächliche Bedrohung für das eigene Selbst vorliegen. Vielmehr kann die Flucht in die Nostalgie auch als eine Art von Alltags- oder Gegenwarts-Eskapismus weg von Überlastung, Stress und Schnelllebigkeit hin zu Ruhe, Schönheit und Sicherheit interpretiert werden (Goulding 1999; Hirsch 1992). Nostalgie kann in solchen Situationen als Abwehrmechanismus, Bewältigungsstrategie und Bedeutungsstifter dienen (Kießling 2013). Marken mit Vergangenheitsbezug

S. Jensen und M. Ohlwein, *Nostalgie als Chance für die Markenpositionierung*, essentials, https://doi.org/10.1007/978-3-658-28063-5_3

helfen dem Konsumenten, sein aktuelles oder ideales Ich zu bewahren, wie die Marke Nivea, mit der Schutz und Pflege bereits seit der Kindheit verbunden werden.

Eng mit dem letztgenannten Punkt ist das Bedürfnis nach **positiven Emotionen** verknüpft, die durch den Blick in die Vergangenheit hervorgerufen werden können. Nostalgie vermag Wärme, Freude und Zuneigung auszulösen. Das Erinnern an die Vergangenheit hilft dabei, sich erneut in die positive Stimmung früherer Zeiten zu versetzen (Muehling und Sprott 2004). Zur Illustration dieses Zusammenhangs können Kommunikationsaktivitäten einer Marke aus dem Süßwarensegment dienen. Die Bonbon-Marke Werther's Original nutzte über Jahre Werbespots, in denen Großvater und Enkel zusammen eine schöne Zeit verlebten, die sich Jahrzehnte später der mittlerweile selbst im Ruhestand befindliche Enkel durch den Genuss von Karamellbonbons, die er nun seinerseits mit seinem Enkel teilte, ins Gedächtnis zurückrief.

Das Bedürfnis nach **Ästhetik** kann ein weiterer Auslöser für die Beschäftigung mit der Vergangenheit sein, sofern das Individuum bestimmte Zeitepochen als besonders attraktiv wahrnimmt. So üben Stilepochen durch Architektur, Möbel oder Literatur einen besonderen Reiz auf gewisse Personengruppen aus, den diese über die nostalgische Reminiszenz in die Gegenwart projizieren (Goulding 2002). Markenelemente wie das Design von Produkt oder Logo im Genre des Jugendstils oder der 50er Jahre des 20. Jahrhunderts drücken Stil und Werthaltungen eines speziellen Kundenkreises aus.

Der Wunsch nach Selbstdarstellung in Verbindung mit einerseits der Betonung der **individuellen Einzigartigkeit** und andererseits dem Bedürfnis nach **sozialer Zugehörigkeit** kann durch den Rekurs auf die Vergangenheit befriedigt werden. Durch das Zelebrieren des Vergangenen, z. B. durch gedankliches Durchleben früherer Ereignisse, konstruiert und pflegt das Individuum die eigene Identität und Einzigartigkeit. Vergangenes drückt das aktuelle und ideale Selbst aus. Dabei zählt nicht ausschließlich die Realität; häufig wird die Vergangenheit verklärt und idealisiert (Stern 1992). So kann beispielsweise ein Parfum mit Historie wie Chanel No. 5 den Wunsch nach Selbstinszenierung durch Differenzierung vom aktuellen Zeitgeist erfüllen.

Nostalgie kann dazu dienen, die Zugehörigkeit zur eigenen Gruppe (in-group) zu festigen und sich gleichermaßen gegen andere Gruppen (out-groups) abzusetzen (Brown und Humphreys 2002). Ausdruck kann dies im Wiederauflebenlassen gemeinsamer Erlebnisse, die zwischenmenschliche Beziehungen auf Basis der gemeinsamen Historie aufbauen und festigen (kollektive Nostalgie), oder über gemeinsame Werte und Vorstellungen aus zurückliegenden Epochen (historische Nostalgie) finden. In diesem Sinn stärkt die geteilte Nostalgie die soziale

Identität. Marken mit Vergangenheitsbezug stellen aufgrund des Teilens spezifischer (Konsum-)Haltungen eine Grundlage für Kontaktaufnahme und Kommunikation mit sowie den Anschluss an soziale Gruppen dar. Eine institutionelle Marke mit weitreichender Historie ist der Fußballclub Schalke 04. Der Verein, dessen Spieler auch heute noch als Knappen bezeichnet werden, verkörpert ein umfassendes System an Werten und Traditionen. Die Anhängerschaft verbindet die Fans zu einer sozialen Gemeinschaft.

Mit Nostalgie kann auch der Wunsch des Individuums nach **Prestige und sozialer Anerkennung** verbunden sein. In diesem Fall steht die Wertschätzung durch das soziale Umfeld im Vordergrund. Prestige kann u. a. über die Demonstration von Besitz oder über Kennerschaft, z. B. Expertenwissen über die tradierten qualitativ hochwertigen Herstellungsverfahren eines Produkts, erlangt werden (Kießling 2013). Luxusgüter mit Markenhistorie, z. B. eine Uhr der Marke Patek Philippe, tragen zur Statusdifferenzierung bei, gerade dann wenn das Produkt teuer, selten und einzigartig ist und die Anschaffung eher zweckfrei erfolgt.

3.2 Der Einfluss von Markennostalgie auf Einstellungen und Präferenzen

Unternehmen greifen in ihren Markenstrategien auf Nostalgie auslösende Elemente zurück, um den Verbraucher an in der Vergangenheit liegende Ereignisse zu erinnern und ihn auf diese Weise dem Produkt gegenüber positiv zu stimmen (Baker und Kennedy 1994; Havlena und Holak 1991). Ein Verweis auf die Vergangenheit kann sich positiv auf die generelle **Einstellung zur Marke** und auf die **Markenpräferenz** auswirken. So verbessert sich die Einstellung zur Marke, wenn z. B. in der Werbung der Vergangenheitsbezug der Marke herausgestellt wird. Dies gilt insbesondere für jene Marken, mit denen der Konsument eigene Erfahrungen gesammelt hat, aber auch in geringerem Ausmaß für solche, bei denen kein persönlicher Kontakt in der Vergangenheit vorlag (Muehling et al. 2014). Die höhere Präferenz für Marken mit eigenem Vergangenheitsbezug lässt sich dadurch begründen, dass Kindheitserinnerungen, die teils auf dem tradierten Konsumverhalten in der Familie gründen, und eine, häufig idealisierte, Vergangenheit durch die Wahl des fraglichen Produkts wiederaufleben (Kessous und Roux 2010).

Die Verbindung zur Vergangenheit unterstützt die Wahrnehmung einer Marke als **dauerhaft** und **qualitativ hochwertig** (Kessous und Roux 2010; Sierra und McQuitty 2007). Die langjährige Existenz lässt vermuten, dass die Marke auch in der Zukunft Bestand haben wird. Analog gilt dies auch für die Qualitätszuschreibung, insbesondere wenn die Marke ein dediziertes Versprechen auf tradierte Rezepte oder Herstellungsverfahren gibt.

Conchieren als tradiertes Herstellungsverfahren von Lindt

Der Schweizer Schokoladenhersteller Lindt legt großen Wert auf die Qualität seiner Produkte, die das Unternehmen neben den erstklassigen Zutaten auch dem Herstellungsverfahren zuschreibt. Das sog. Conchieren, das stundenlange Rühren der Kakaomasse zusammen mit Kakaobutter, wurde 1879 von Rodolphe Lindt erfunden und gilt noch heute als Schlüssel für exzellenten Geschmack und zarte Textur des Endprodukts. Visuelle und textliche Verweise auf die traditionelle, sorgfältige Herstellung setzt das Unternehmen gezielt in seinen Kommunikationsmaßnahmen ein.

Der Kauf oder Konsum von Marken, die Nostalgie auslösen, kann ein Gefühl von **Sicherheit** und **Stabilität** hervorrufen. Der Wunsch nach Sicherheit und Stabilität ist durch die Selbstkonsistenztheorie (Lecky 1945) zu erklären. Selbstkonsistenz liegt vor, wenn Gedanken, Überzeugungen und Einstellungen widerspruchsfrei sind und mit dem äußeren Verhalten übereinstimmen. Das Individuum strebt nach Selbstkonsistenz und versucht, kognitive Prozesse und Verhalten widerspruchsfrei miteinander in Einklang zu bringen. Aus diesem Grund werden Informationen bevorzugt, die vertraut sind und Unsicherheit vermeiden. Externe Stimuli wie Produkte und Marken werden nach diesem Prinzip gefiltert. Individuen suchen vor allem dann nach bestätigenden Informationen, wenn die Selbstkonsistenz bedroht ist (Mummendey 2006). Der Konsument fühlt sich durch die Marke in eine Vergangenheit zurückversetzt, in der ‚die Dinge' noch in Ordnung waren.

Eng mit dem Gefühl von Sicherheit und Stabilität hängt die **emotionale Bindung** der Kunden zu Marken zusammen, die nostalgische Empfindungen auslösen (Kessous und Roux 2013). Die nostalgische Bindung an eine Marke ist Teil der Beziehungsqualität zwischen Konsument und Marke und stellt eine Facette der emotionalen Markenbindung dar. Untersuchungen zeigen darüber hinaus eine enge Korrelation zwischen nostalgischer und leidenschaftlicher Bindung, die beide Teilaspekte der emotionalen Markenbindung des Konsumenten sind (Fournier 1994).

Die Verankerung in der Vergangenheit sorgt für eine wahrgenommene **Authentizität** der Marke. Eine authentische Marke vermittelt Klarheit darüber, was sie ist und wofür sie steht (Faust und Householder 2009). Kunden wünschen sich authentische Produkte und Marken als Ausgleich für die Krisen und Unsicherheiten im täglichen Leben (Wiedmann et al. 2011). Eine starke Verbindung zwischen Markennostalgie und Markenauthentizität konnte in mehreren

Studien nachgewiesen werden (Fritz et al. 2013; Jensen et al. 2018; Kessous und Roux 2013; Sierra und McQuitty 2007). Die Verbindung zur Vergangenheit verschafft Legitimität und Authentizität, da die Marke verspricht, an ihrer Tradition festzuhalten (Rose et al. 2016).

Der nostalgische Charakter einer Marke wirkt sich auch positiv auf deren Bewertung als **vertrauensvoll** und **glaubwürdig** aus. Das Vertrauen der Konsumenten in die Marke kann als entscheidender Wettbewerbsfaktor angesehen werden, gerade in Zeiten, in denen sich Produktangebote funktional stark ähneln. Das Markenvertrauen drückt die Zuversicht des Konsumenten aus, dass die Marke zuverlässig und kompetent ist (Herbst et al. 2012) und wirkt sich positiv auf die Markenglaubwürdigkeit (Erdem und Swait 2004) sowie auf Loyalität und Commitment zur Marke aus (Chaudhuri und Holbrook 2001; Fritz et al. 2013; Wiedmann et al. 2011).

Nostalgie als Treiber von Glaubwürdigkeit der und Vertrauen in die Automobilmarke MG

Eine empirische Studie von Leigh et al. (2006) verdeutlicht den Einfluss von empfundener Markennostalgie auf zentrale kaufverhaltensrelevante Einflussgrößen anhand der Automobilmarke MG. Durch Beobachtungen, informelle Gespräche und strukturierte Tiefeninterviews mit 58 Besitzern von MG-Fahrzeugen fanden die Forscher heraus, dass die Probanden MG als eine nostalgische Marke wahrnehmen, die sich durch ihre Langlebigkeit, Kontinuität und Authentizität auszeichnet. Diese positiven Konnotationen in Verbindung mit der Verwurzelung in der Vergangenheit erzeugen Vertrauen und Glaubwürdigkeit für die Marke.

3.3 Die Markennostalgie als Treiber der Kaufabsicht

Schlussendlich ist es das Ziel aller Marketingaktivitäten, Konsumenten zum Kauf zu bewegen. Inwiefern das tatsächliche Kaufverhalten durch einzelne Marketingaktivitäten positiv beeinflusst wird, lässt sich in vielen Fällen nur schwer messen. Einstellungen und Präferenzen gelten als Indikatoren für das Verhalten. Die Verhaltensabsicht eines Individuums vermag sein tatsächliches Verhalten jedoch besser vorherzusagen (Ohlwein 2001), sodass häufig ein Rückgriff auf die Erfassung von Verhaltensintentionen erfolgt (Fishbein und Ajzen 1975; Kroeber-Riel und Esch 2015; Kroeber-Riel und Gröppel-Klein 2013).

Eine positive Beeinflussung der Kaufabsicht über einen Verweis auf den nostalgischen Charakter der Marke ließ sich für viele Produktkategorien von

Automobil über Bekleidung, Haushalts- und Körperpflegeprodukte, Nahrungsmittel bis hin zu Spielen und Spielzeug empirisch nachweisen. Tab. 3.1 zeigt einen Überblick über ausgewählte Studien zu den untersuchten Produktkategorien. Sogar bei einer fiktiven Marke führte ein historischer Bezug in der Markenbeschreibung zu einer höheren Kaufabsicht als bei der Markenbeschreibung ohne Bezug zur Vergangenheit für dieselbe erdachte Marke. Dies belegt eine Studie, in der eine Hälfte der Befragten eine Erläuterung zur Marke mit Hinweis auf deren Historie vorgelegt bekam, wohingegen die andere Hälfte einen Text ohne Passagen zur Markenvergangenheit erhielt. Im ersten Fall gaben die Probanden eine statistisch signifikant höhere Kaufabsicht für die fiktive Marke an (Rose et al. 2016).

Persönliche bzw. historische Nostalgie üben einen unterschiedlichen Einfluss auf die Kaufabsicht für bestimmte Produktkategorien aus. Alltägliche Produkte, mit denen Geborgenheit und Bequemlichkeit assoziiert werden, wie

Tab. 3.1 Ausgewählte Studien zum positiven Einfluss des wahrgenommenen Vergangenheitsbezugs der Marke auf die Kaufabsicht (nach Erscheinungsjahr)

Autor(en) und Jahr der Studie	Untersuchte Produktkategorien
Muehling und Sprott (2004)	Film
Leigh et al. (2006)	Automobil
Sierra und McQuitty (2007)	Musik, Spielzeug, Bücher, Kinofilme sowie 11 weitere Produktkategorien (wie Bekleidung, Süßigkeiten, Einrichtungsgegenstände, Fahrzeuge, Outdoor-Zubehör, Parfum) in kleinerer Fallzahl
Bellaaj Gargouri und Akrout (2008)	Parfum
Holak et al. (2008)	Zigaretten, Tee
Kessous und Roux (2010)	Automobil, Süßigkeiten, Frühstücksprodukte (Zerealien, Brotaufstrich), Haushaltsreiniger, Spiele/Spielzeug, Bekleidung, Schuhe
Horovitz (2011)	Getränke, Sneakers, Bekleidung
Marchegiani und Phau (2011)	Kamera, Film
Wiedmann et al. (2011)	Automobil
Chumpitaz et al. (2013)	Automobil
Muehling et al. (2014)	Zahnpasta
Rose et al. (2016)	Gartengerät (fiktive Marke)
Jensen et al. (2018)	Körperpflege, Süßigkeiten, Damenunterwäsche

Frühstückszerealien oder Süßigkeiten, profitieren von persönlicher Nostalgie. Der Konsum dieser Lebensmittel lässt idealisierte Kindheitserinnerungen, wie das gemeinsame Familienfrühstück oder die kleine Belohnung für eine gute Schulleistung, wiederaufleben. Demgegenüber steigert historische Nostalgie die Attraktivität von Produktangeboten, die sozialen Status und positives Auffallen in der Bezugsgruppe versprechen. Dazu gehören i. d. R. teurere Güter, die dem sozialen Umfeld den eigenen guten Geschmack und Status signalisieren sollen, wie Designer-Kleidung (Stern 1992).

Fazit

Die Zuwendung zur Vergangenheit kann aus unterschiedlichen Gründen erfolgen, und Marken sind in der Lage, die dahinterliegenden Bedürfnisse zu erfüllen. Darüber hinaus können die von einer Marke ausgelösten nostalgischen Gefühle zentrale produkt- und markenbezogene Einstellungen und Attribuierungen, wie Qualität und Glaubwürdigkeit, sowie letztlich die Kaufabsicht positiv beeinflussen.

4 Nostalgiebezogene Ansatzpunkte für die Markenführung

Das Vorhaben, eine Marke in der Wahrnehmung von Konsumenten mit positiven Erinnerungen zu verknüpfen bzw. diese Erinnerungen in einer konkreten (Kauf-) Situation zu aktivieren, fällt in den Aufgabenbereich der Markenführung. Das Konzept der Markennostalgie muss sich sowohl in der Strategie als auch in operativen Maßnahmen widerspiegeln. Darüber hinaus sind der nostalgiebezogene Status quo und Ursache/Wirkungs-Beziehungen im Markencontrolling zu evaluieren.

4.1 Die Verankerung von Nostalgie in der Markenstrategie

4.1.1 Die Identifikation nostalgieaffiner Zielgruppen

Die Grundlage einer Markenstrategie bildet ein detailliertes Verständnis jener Kundensegmente, die die Marke ansprechen soll. Zur Segmentierung eines heterogenen Gesamtmarktes in hinsichtlich ihres (Konsum-)Verhaltens homogene Gruppen stehen neben makro- (z. B. Bundesland, Urbanitätsgrad) und mikrogeografischen (z. B. Ortsteil, Straßenabschnitt) insbesondere psychographische (u. a. Interessen, Einstellungen, Motive, Nutzenerwartungen), verhaltensorientierte (z. B. Determinanten der Einkaufsstättenwahl, Häufigkeit und Intensität der Interaktion mit Medien, Produkt- bzw. Markenwahlverhalten) und sozio-ökonomische (z. B. Geschlecht, Alter, Familienstand, Bildungsabschluss) Kriterien zur Verfügung. Im Zusammenhang mit Markennostalgie sind vor allem die drei zuletzt genannten Kategorien relevant.

Allgemeine Charaktereigenschaften haben sich als Merkmale für eine psychografische Marktsegmentierung bewährt. Zu ihnen zählen u. a. der Lebensstil, die

S. Jensen und M. Ohlwein, *Nostalgie als Chance für die Markenpositionierung*, essentials, https://doi.org/10.1007/978-3-658-28063-5_4

soziale Orientierung sowie die Risikoneigung. Die Persönlichkeit eines Individuums bedingt, dass es konsistent auf Stimuli aus seiner Umwelt reagiert (Kassarjian 1971). Sie kommt in einer Vielzahl von Merkmalen zum Ausdruck und „umfasst alle intrapersonalen Bestimmungsfaktoren des Käuferverhaltens" (Meffert et al. 2015, S. 190). Soll eine Marke mit nostalgiebezogenen Assoziationen angereichert werden, kommt der Traditionsorientierung als Persönlichkeitsmerkmal **(Eigenschaftsnostalgie)** entsprechend eine hohe Bedeutung zu.

Die soziokulturelle Grundorientierung eines Individuums dient neben der sozialen Lage als eine der beiden Dimensionen zur Verortung der Sinus-Milieus (Sinus 2017). Sie spiegelt den Grad der soziokulturellen Modernität eines Milieus wider. Dieser bewegt sich zwischen den Extremen Traditionsverwurzelung (Festhalten) und Exploration/Refokussierung/neue Synthesen (Grenzen überwinden). Bei den beiden Milieus, deren soziokulturelle Grundorientierung – zumindest teilweise – in den Bereich Tradition fällt (das **konservativ-etablierte** und das **traditionelle Milieu**), kann die Markenführung davon ausgehen, dass das Konsumverhalten von einer Sehnsucht nach der guten, alten Zeit geprägt ist. Diese gilt es mit der Marke zu verknüpfen und in einer konkreten Kaufsituation zu aktualisieren. Als begrenzender Faktor erweist sich jedoch die Entwicklung dieser beiden Milieus im Zeitablauf. Zwar behielten sie in den letzten Jahren ihre Größe im Wesentlichen bei, gleichwohl wanderte ihr Schwerpunkt auf der Achse der soziokulturellen Grundorientierung von ‚festhalten' über ‚bewahren' zu ‚haben & genießen', das bereits nicht mehr dem Leitprinzip ‚Tradition', sondern ‚Modernisierung/Individualisierung' zugeordnet ist.

Die Sinus-Milieus Konservativ-Etablierte und Traditionelle (Sinus 2017)
Das konservativ-etablierte Milieu, dem rund 10 % der Bevölkerung angehören, repräsentiert das klassische Establishment. Dieser Personenkreis gehört der oberen Mittelschicht bzw. der Oberschicht an; ihn zeichnet eine Verantwortungs- und Erfolgsethik sowie ein Exklusivitäts- und Führungsanspruch aus. Er übernimmt gesellschaftliche Verantwortung und besitzt ein ausgeprägtes Standesbewusstsein (Entre-Nous-Abgrenzung). Hierbei folgt er seinem Leitmotiv ‚Die feinen Unterschiede'.

Die Sicherheit und Ordnung liebende ältere Generation, die in einer kleinbürgerlichen Welt bzw. in der traditionellen Arbeiterkultur verhaftet ist, begründet das traditionelle Milieu (13 % der Bevölkerung). Bescheidenheit, Sparsamkeit, Bodenständigkeit und die Einsicht, sich an die Notwendigkeiten anpassen zu müssen, zeichnen es aus. Zwar gehört diese Gruppe der unteren bzw. mittleren Mittelschicht an, gleichwohl hat sie zunehmend das Gefühl, gesellschaftlich abgehängt zu sein. Leiten lässt sie sich vom Motiv ‚Keine Experimente'.

Neben Nostalgie als einer relativ manifesten Charaktereigenschaft (Eigenschaftsnostalgie) ist für die Markenführung Nostalgie als situationsbedingter Status quo **(Zustandsnostalgie)** bedeutsam. Dies umso mehr, da Zustandsnostalgie den Kreis potenziell relevanter Zielgruppen auf die gesamte Milieulandschaft ausdehnt. Situationsbedingte Nostalgie gewinnt an Relevanz für das Verhalten, wenn ein latentes Verlangen nach der Vergangenheit in einer spezifischen Situation, d. h. zeitlich beschränkt, ins Bewusstsein des Individuums rückt. Auslöser dieser Sehnsucht kann sowohl eine Situation im Allgemeinen (z. B. Kinobesuch und Langnese-Eiskonfekt) bzw. eine gruppenspezifische Interaktion im Speziellen (z. B. Treffen mit alten Freunden und Flensburger Pilsener) als auch ein Kontakt mit einer konkreten Marke (z. B. Nivea) sein. Für die Markenführung ergeben sich aus Zustandsnostalgie zwei Anknüpfungspunkte. Zum einen besteht die Chance, vom Individuum positiv erlebte Situationen, die idealerweise vergleichsweise häufig auftreten, mit der eigenen Marke zu verknüpfen. Gelingt dies, funktioniert die **Situation als Stimulus,** der die emotionale Bindung zur Marke aktualisiert **(indirekte Verknüpfung).** Die Situation stellt gewissermaßen einen Mediator der Beziehung zwischen Marke und Individuum dar. Zum anderen lässt sich eine Marke direkt mit positiven, i. d. R. **individuellen Erinnerungen** verknüpfen **(direkte Verknüpfung).** Dies ist beispielsweise dann der Fall, wenn der Start ins Autofahrerleben und die damit verbundenen Gefühle von Freiheit, Unabhängigkeit und Erwachsensein untrennbar mit einem VW Golf verbunden ist.

Variety-Seeking als Herausforderung und Chance für Markennostalgie
Als gleichermaßen Herausforderung wie Chance erweist sich ein Rückgriff auf Markennostalgie in jenen Zielgruppen, die ein ausgeprägter Wunsch nach Abwechslung (Variety-Seeking) kennzeichnet. Bei Variety-Seeking handelt es sich zum einen nicht um ein allgemeines, sondern um ein produktsegmentspezifisches Phänomen; Individuen, die z. B. bei Zahnpasta Abwechslung wünschen, können markentreue Käufer von Brotaufstrich sein (van Trijp et al. 1996). Somit gilt es zunächst zu überprüfen, ob in einer Zielgruppe Variety-Seeking-Verhalten auch für den von der Marke

bearbeiteten Produktmarkt typisch ist. Zum anderen tritt dieses Phänomen insbesondere dann auf, wenn eine schwache emotionale Bindung zwischen Marke und Individuum besteht. Da die Knüpfung eines solchen emotionalen Bandes zu den zentralen Begleiterscheinungen einer ausgeprägten Markennostalgie zählt, bietet diese letztendlich eine günstige Gelegenheit, die eigene Marke gegenüber dieser generellen Verhaltenstendenz zu immunisieren.

Von den sozio-ökonomischen Segmentierungskriterien spielt die **Generation,** der ein Individuum angehört, eine zentrale Rolle. Bei einer Marke, die von einer Alterskohorte als nostalgisch wahrgenommen wird, kann diese Zuschreibung in nachfolgenden Generationen verblassen. Die Markenführung ist somit herausgefordert, diese Assoziation in jeder Altersgruppe erneut mit der Marke zu verknüpfen. Zudem spielt die generelle Grundorientierung einer Generation auch für Markennostalgie eine wesentliche Rolle. So fühlen sich die Baby-Boomer und die Generation Golf stärker zu nostalgischen Produkten hingezogen als ihre Nachfolger, die Generationen Y und Z.

Generation Y als Herausforderung für die Markennostalgie

Der Generation Y, auch bezeichnet als Millennials oder Digital Natives, werden die zwischen dem Ende der 1970er Jahre und der Jahrtausendwende geborenen Personen zugerechnet. Ihr gehören in den USA rund 27 %, in der Europäischen Union ca. 24 % der Erwachsenen an. Für Unternehmen ist die Generation Y als Zielgruppe bedeutsam, da sie infolge ihres Berufseinstiegs bzw. ihrer beruflichen Weiterentwicklung über eine hohe und in den kommenden Jahren weiter steigende Kaufkraft verfügt.

Marketingforschung und -praxis sind sich einig, dass sich die Generation Y im Hinblick auf Werte und (Konsum-)Verhalten deutlich von ihren beiden Vorgängergenerationen, den Baby Boomern und der Generation Golf, unterscheidet. Sie ist stark von technologischen Innovationen und dem Internet beeinflusst, und ihr wird eine ausgeprägte Konsumkultur zugeschrieben. Aufgewachsen mit den Neuen Medien, die als omnipräsente Informationskanäle Trends und Moden in immer kürzerem Abstand präsentieren, stellt diese Kohorte andere Ansprüche als ihre Vorgänger.

Gleichwohl belegen empirische Studien, dass sich Nostalgie verkörpernde Signale auch in der Generation Y eignen, um das eigene Angebot von dem des Wettbewerbs zu differenzieren (Jensen et al. 2018). Obwohl dieser Personenkreis den Hang besitzt, (auch kurzzeitigen) Moden zu folgen, beeinflusst auch bei ihm ein emotionales Band zwischen Marke und Individuum, das im Kontext vergangener Kontakte geknüpft wurde, die gegenwärtige Konsumentscheidungen.

4.1.2 Die Einbindung von Nostalgie in die Markenidentität

Sofern Markennostalgie im Wettbewerb als differenzierendes Wesensmerkmal dienen soll, muss sie sich in der Markenidentität widerspiegeln. „Die Markenidentität bringt zum Ausdruck, wofür eine Marke stehen soll“ (Esch 2018, S. 79). Nostalgie steuert einen emotionalen Nutzen bei, indem sie zu einem Bestandteil der markenbezogenen Gefühlswelt wird, und stärkt damit die Marke weit über ihre sachlich-funktionalen Eigenschaften hinaus. Dies setzt jedoch voraus, dass Markennostalgie nicht lediglich ein isoliertes Element der Markenidentität darstellt, sondern sich nahtlos in das **Gesamtbild der Marke** einfügt.

Einen in der Praxis bewährten konzeptionellen Rahmen für die Markenidentität stellt das von Icon Added Value entwickelte und von Esch modifizierte Markensteuerrad dar (Esch 2018), das sich aus den vier Elementen Markenattribute, Markennutzen, Markentonalität und Markenbild zusammensetzt. Nostalgie verkörpert einen optionalen Baustein der **Tonalität,** in der sich die Markenpersönlichkeit, die Markenbeziehungen sowie die Markenerlebnisse widerspiegeln. Während sich das Markenerbe insbesondere in der Markenpersönlichkeit manifestiert, kommt Markennostalgie vor allem in der Beziehung zwischen Marke und Individuum sowie in persönlichen bzw. berichteten positiven Erlebnissen mit der Marke zum Ausdruck.

Das Bindeglied zwischen dem intern festgelegten Selbstbild der Marke (Konzeptebene) und dem Markenimage, d. h. dem von der relevanten Zielgruppe wahrgenommenen Fremdbild (Wirkungsebene), bildet die Markenpositionierung (Aktionsebene). Diese überführt das Selbstbild in Maßnahmen wie z. B. Produktdesign, Verpackungsgestaltung sowie Kommunikationsaktivitäten und macht es so für Individuen erfahrbar. Im Kern geht es darum zu klären, wie die Marke Personen aus der Zielgruppe ansprechen kann, um sich gegenüber dem Wettbewerb durchzusetzen und die Kunden an sich zu binden (Bruce und Jeromin 2016). Im Kontext von Markennostalgie spricht dies zwei Ebenen an:

- wie lassen sich **positive Erlebnisse schaffen** und die Marke als bewusst wahrgenommener Teil der positiven Erinnerung verankern und
- wie lassen sich diese positiven Erlebnisse in einer konkreten Situation **in Erinnerung rufen.**

Die Nutzung des Konsumrituals ,Butterbrot' durch Kerrygold

Konsumrituale entwickeln sich i. d. R. über einen längeren Zeitraum hinweg, viele entstammen gar der Kindheit. „Das Butterbrot etwa, das der Marke Kerrygold den emotionalen Mehrwert liefert, geht auf frühkindliche Erlebnisse zurück. Vielfach ist das Butterbrot die erste feste Nahrung, die den Kindern angeboten wird, wenn sich die ersten Zähnchen zeigen. Mit Mutterliebe assoziiert bleibt das Butterbrot danach oft ein Leben lang eine Kultnahrung, die jede andere Delikatesse zu überbieten vermag" (Gutjahr 2011, S. 159). Kerrygold aktualisiert diese Beziehung in der Werbung, in der ein junger Landwirt mit einem Butterbrot in der Hand wie ein Kind über einen Bauernhof tänzelt und hierbei von einem älteren Bauern, seinem Vater, fürsorglich lächelnd beobachtet wird.

Rotkäppchen Sekt als Bestandteil erinnerungswürdiger Momente

Rotkäppchen ist als ein Sekt positioniert, „der die Phantasie anregt und aus alltäglichen Situationen erinnerungswürdige Momente macht" (Käfer 2005, S. 645). Ein verlässlicher Begleiter in vielen schönen Momenten des Lebens zu sein ist Teil der Markenidentität. Den TV-Spots liegt entsprechend die Kreatividee zugrunde, aus einer (alltäglichen) Situation durch den Genuss von Rotkäppchen Sekt, d. h. durch eine enge Wechselbeziehung zwischen Individuum und Konsum der Marke, einen erinnerungswürdigen Moment zu machen. Diese Leitidee kommt auch im Slogan ,Der Moment seid ihr!' zum Ausdruck.

4.2 Die Umsetzung von Markennostalgie im Marketing-Mix

Den zentralen Orientierungspunkt für die Ausgestaltung des operativen Marketing bildet die Markenpositionierung. Dies soll sowohl Konsistenz und Kontinuität sicherstellen als auch Zielgruppenorientierung gewährleisten. Ziel ist ein ganzheitliches Marketingprogramm, d. h. ein Bündel gut ineinandergreifender Marketingaktivitäten, das die Markenidentität für das Zielsegment konkret erlebbar macht.

4.2.1 Die Verknüpfung von positiv erlebter Situation und Marke

Damit Markennostalgie in einer konkreten Situation für das Handeln relevant werden kann, müssen in der Erinnerung eines Individuums dessen Beziehung zur Marke als vorteilhaft bzw. Erlebnisse mit der Marke als positiv verankert sein. Dies geschieht im deklarativen System des Langzeitgedächtnisses, das verbalisierbares Wissen über Fakten und Ereignisse umfasst. Da im Kontext von Markennostalgie insbesondere persönlich erlebte, autobiografische Episoden und weniger Faktenwissen ohne zeitlich-räumliche Einbettung von Bedeutung sind, steht von den beiden Komponenten des Langzeitgedächtnisses das **episodische Gedächtnis** im Mittelpunkt des Interesses (Kroeber-Riel und Gröppel-Klein 2013).

Jedes für Markennostalgie konstitutive Bewusstseinselement muss vorab den sequenziellen kognitiven Prozess von Informationsaufnahme, Informationsverarbeitung (wahrnehmen und beurteilen) sowie Informationsspeicherung (lernen und erinnern) durchlaufen. Die beiden fundamentalen Komponenten von Markennostalgie, Markenbeziehung und Markenerlebnisse, setzen jeweils voraus, dass bereits Berührungspunkte zwischen Individuum und Marke existieren. Folglich sollten Marketingaktivitäten, die spezifisch darauf abzielen, Markennostalgie zu fördern, auf die Aspekte beurteilen, lernen und erinnern fokussieren.

Bei der **Beurteilung** einer Marke spielen nicht nur die aufgenommenen bzw. erinnerten Informationen eine Rolle, sondern auch zahlreiche nicht-kognitive Einflussfaktoren, vor allem Umfeldinformationen wie die Angebots- oder die Konsumsituation. Zu dieser ganzheitlichen Reizkonstellation „gehören nicht nur die unmittelbar benachbarten Reize gleicher Art – etwa das visuelle Umfeld -, sondern alle ‚gleichzeitig' aufgenommenen Reize, auch unterschiedlicher (etwa taktiler oder akustischer) Modalität. Zum Umfeld des Reizes gehören auch die bei der Reizwahrnehmung ablaufenden sozialen Interaktionen" (Kroeber-Riel und Gröppel-Klein 2013, S. 381).

Um Markennostalgie auszulösen, sind in der Beurteilungsphase zwei Stellhebel von Bedeutung:

- Übermittlung von Nostalgie induzierenden, produkt- bzw. markenbezogenen Informationen
- Anreicherung der Situation, in der Individuum und Marke aufeinander treffen, mit emotionalen Reizen, sodass ein attraktives Wahrnehmungsklima entsteht

Im Rahmen von **Lernen** laufen komplexe kognitive Verarbeitungsprozesses ab, die neues Wissen bzw. neue Verhaltensmuster aus dem Arbeits- in das Langzeitgedächtnis überführen. Hierbei „treten gedankliche Verarbeitungsvorgänge (Codierungen) auf, die sich in erster Linie auf die Verknüpfung der aufgenommenen mit den bereits im Gedächtnis gespeicherten Informationen beziehen" (Kroeber-Riel und Gröppel-Klein 2013, S. 431). Das Vorhaben, nostalgiebezogene Informationen im Gedächtnis zu verankern, profitiert von zwei empirisch bestätigten Phänomenen. Zum einen wird eine Information umso besser erinnert, d. h. umso leichter aus dem Gedächtnis abgerufen, je konkreter sie ist (Kroeber-Riel und Gröppel-Klein 2013). Ein zurückliegender Kontakt zwischen Marke und Individuum zeichnet sich per se durch einen hohen Grad an Konkretheit aus. Zum anderen eignen sich nostalgische Stimuli sehr gut, um innere Bilder auszulösen (Bambauer-Sachse und Gierl 2009). Innere Bilder wiederum beeinflussen die emotionalen Erlebnisse einer Person und dessen Präferenzen (Kroeber-Riel und Gröppel-Klein 2013).

Nostalgiebezogene Informationen werden zudem relativ leicht implizit, d. h. vergleichsweise intuitiv, gewissermaßen spielerisch erlernt. Hierbei verinnerlicht ein Individuum eine komplexe Reizkonstellation, ohne dies zu beabsichtigen und ohne sich dem bewusst zu sein (Cleeremans und Jiménez 2002; Kroeber-Riel und Gröppel-Klein 2013). Ist das Produktinvolvement darüber hinaus gering, gewinnen im Hinblick auf Produktwahrnehmung und -beurteilung nebensächliche Reize und von der Situation induzierte Emotionen gegenüber rationalen Fakten die Oberhand.

Drei Charakteristika nostalgischer Informationen erleichtern, dass sie von einem Individuum erlernt werden:

- Ein von einem Individuum persönlich erlebter Kontakt zur Marke ist konkret
- Nostalgische Stimuli eignen sich gut, um innere Bilder auszulösen
- Nostalgiebezogene Informationen eignen sich gut, um implizit erlernt zu werden

Die Brücke zwischen Lernen und dem Vermögen, sich in einer konkreten Situation an das Erlernte zu **erinnern,** schlägt die klassische Konditionierung. Neben Werbung und Produkterfahrung im Allgemeinen haben sich im Kontext von Markennostalgie insbesondere zwei Möglichkeiten etabliert, positiv erlebte

Situationen in der Wahrnehmung von Individuen mit einer spezifischen Marke zu verknüpfen: Rituale und motorische Markenhandlungen.

Bei **Ritualen** handelt es sich um „wiederholte bzw. wiederholbare, einer festen Abfolgeordnung unterworfene Handlungen […], welche bewusst inszeniert werden, Symbole beinhalten und Sinn erzeugen bzw. vermitteln" (Lord 2008, S. 37). Als Anknüpfungspunkt können auch objektiv profane Handlungen dienen. So haben vier von fünf Deutschen ein festes Morgenritual, und 82 % der Bevölkerung verwenden hierbei stets dieselben Produkte (o. V. 2007).

Rituale benötigen Zeit, um sich in der Zielgruppe zu etablieren (Lord 2011). Gelingt es einer Marke, zu einem festen Bestandteil eines Rituals zu werden, stärkt dies nicht nur die Beziehung zwischen Individuum und Marke, sondern schafft auch regelmäßige Markenerlebnisse. So ist das relativ weit verbreitete Ritual einer Frühstückspause – Morgens halb zehn in Deutschland – eng mit der Milch-Haselnuss-Schnitte Knoppers verbunden, zur sonntäglichen Kuchentafel gehört Jacobs Krönung, der Tag beginnt mit einer Tasse Nespresso und der Feierabend mit der Tagesschau, immer dann, wenn einem Gutes widerfährt, ist das einen Asbach Uralt wert, ein Abend mit Freunden wird mit einem Glas Jules Mumm eingeleitet, und mit einem YES-Törtchen liegt man richtig, wenn es – insbesondere unter widrigen Umständen – einer liebenswerten Geste bedarf.

YES-Törtchen als liebenswerte Geste in positiv erinnerten Situationen

Das YES-Törtchen kam 1981 auf den deutschen Markt und wurde getreu dem Motto ‚Kleine Torte statt vieler Worte' schnell zum Symbol für eine liebenswerte Geste für jeden Anlass. Positiv erlebte Situationen wurden im deklarativen System des Langzeitgedächtnisses eng mit der Marke verknüpft, und dieses positiv konnotierte episodische Wissen wurde bei jedem Kontakt mit der Marke aktualisiert (Kroeber-Riel und Gröppel-Klein 2013). Nachdem einige Handelsunternehmen Ende der 1990er Jahre das Originalprodukt durch No-Name-Alternativen ersetzt hatten, sank die Produktionsmenge um rund zwei Drittel, und 2003 wurde YES vom Markt genommen. Zwischen 2007 und 2010 waren limitierte Sondereditionen jeweils für einen geplant kurzen Zeitraum erhältlich, und seit April 2011 wird das Produkt wieder dauerhaft angeboten.

Motorische Markenhandlungen sind eine generell zwar selten genutzte, im Kontext von Markennostalgie jedoch bewährte Chance, Markenwissen effektiv zu verankern. Hierbei handelt es sich um von einem Unternehmen entwickelte markenspezifische „Bewegungsabläufe, die Konsumenten im Kontext des Konsums einer Marke durchführen sollen" (Langner und Fischer 2011, S. 138).

Beispiele sind die spezifische Bewegung beim Öffnen des Bügelverschlusses einer Flasche Flensburger Pilsener, das Kuemmerling-typische Klopfen des kleinen Fläschchens auf den Tisch, das noch aus der Zeit rührt, als es einen Aufreiß- anstelle eines Drehverschlusses hatte, oder das starre Skript beim Trinken von Tequila mit Salz und Limette.

Einzigartige Benutzeroberfläche für ein taktiles Markenerlebnis bei Apple

Auch Apple misst markenspezifischen motorischen Handlungen eine hohe Bedeutung bei und sichert diese entsprechend patentrechtlich ab. Das am 20. Januar 2009 vom United States Patent and Trademark Office erteilte Patent 7479949 ‚Touch screen device, method, and graphical user interface for determining commands by applying heuristics' (‚Touchscreen-Gerät, Methode und grafische Benutzeroberfläche zur Ermittlung von Anwendereingaben mittels Heuristiken') soll die Bedienung des iPhones vor Nachahmung schützen. Die Patentschrift ist sehr detailliert: sie umfasst 538 Seiten und 64 Illustrationen.

Im Zusammenhang mit Markennostalgie können motorische Handlungen positive, mit einer Marke verknüpfte **Emotionen** (Molander et al. 1999; Molander und Arar 1998) sowie spezifische **Markenerlebnisse** auslösen (Langner und Fischer 2011). Zudem erinnern Individuen selbst ausgeführte Handlungen nicht nur sehr gut, sondern auch besser als verbal-auditive Stimuli (Engelkamp und Zimmer 2002; Knopf 1991; Saltz und Dixon 1982; Zimmer 1991). Dieser sogenannte Tu-Effekt bewirkt, dass eine spezifische Bewegung wie das Öffnen des Bügelverschlusses einer Flasche Flensburger Pilsener nostalgische Markenerlebnisse (z. B. gemeinsame Fußballabende mit den Studienkollegen) aktiviert und die Beziehung zwischen Marke und Individuum aktualisiert.

4.2.2 Die Aktualisierung einer positiven Erinnerung

Das Entscheidungsverhalten von Individuen beeinflussen in der Regel sowohl kognitive als auch aktivierende Prozesse. In Abhängigkeit davon, wie stark diese jeweils den Entscheidungsprozess prägen, existieren die vier in Abb. 4.1 dargestellten idealtypischen Verhaltensmuster. Unabhängig vom in einer konkreten Situation ablaufenden Grundschema ist Markennostalgie in der Lage, den Prozess und damit auch dessen Ergebnis zu beeinflussen. Bei einem **extensiven Prozess der Informationsverarbeitung** beispielsweise kann Markennostalgie den Reiz verkörpern, der jenen erst initiiert, oder als emotionale Antriebskraft für dessen kognitive Steuerung dienen. Im Rahmen eines

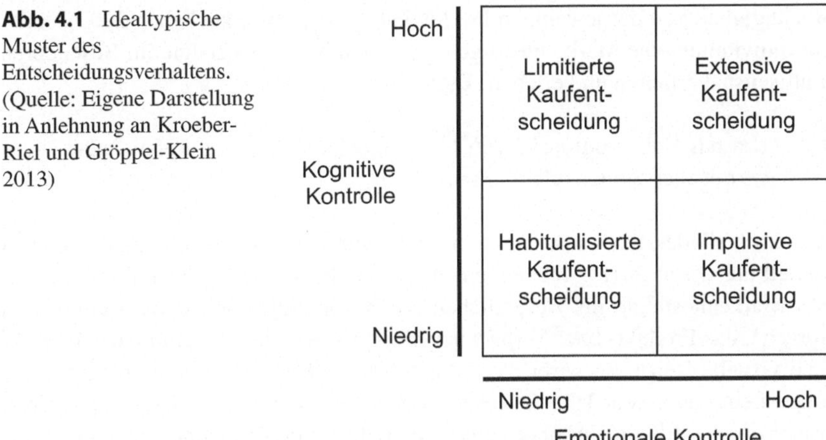

Abb. 4.1 Idealtypische Muster des Entscheidungsverhaltens. (Quelle: Eigene Darstellung in Anlehnung an Kroeber-Riel und Gröppel-Klein 2013)

limitierten Kaufentscheidungsprozesses spiegelt Markennostalgie nicht nur Erfahrung und markenbezogene Prädispositionen des Individuums, d. h. interne Informationen, wider, sondern trägt auch dazu bei, die Marke im Evoked Set zu verankern. Dessen ungeachtet spielt Markennostalgie eine ungleich größere Rolle, wenn mit geringer kognitiver Kontrolle eine Entscheidung getroffen wird.

Sowohl bei habitualisierten als auch bei impulsiven Entscheidungsprozessen spielen Reize eine zentrale Rolle. So können bei einer **habitualisierten Kaufentscheidung** nicht nur Ziele und Absichten eine Handlung initiieren, sondern letztendlich auch Umweltreize zu einer reaktiven, gewissermaßen automatischen Entscheidung führen (Kroeber-Riel und Gröppel-Klein 2013; Wood und Neal 2009). Dies setzt jedoch voraus, dass, wie im vorangegangenen Abschnitt beschrieben, reizspezifische Reaktionsmuster erlernt wurden. Generell unmittelbar reizgesteuert und in der Regel von Emotionen begleitet ist **impulsives Verhalten.** Bei einem Impulskauf wird gewöhnlich gar „die spezifische Emotion Freude durch die Reizsituation hervorgerufen“ (Kroeber-Riel und Gröppel-Klein 2013, S. 492). Das Individuum trifft eine Entscheidung relativ schnell, ohne sich (kognitiv) mit ihr auseinandergesetzt zu haben.

Jedes Individuum verfügt über eine Vielzahl von Rezeptoren, um Reize wahrzunehmen. Diese lassen sich in die fünf Sinne Sehen (visuelle Wahrnehmung), Hören (auditive Wahrnehmung), Riechen (olfaktorische Wahrnehmung), Tasten (taktile Wahrnehmung) und Schmecken (gustatorische Wahrnehmung) gruppieren. Unabhängig davon, dass deren Gewicht in einem Entscheidungsprozess in

Abhängigkeit von der jeweiligen Produktkategorie schwankt (Kilian 2007), sollte ein Individuum eine Marke im Allgemeinen und Markennostalgie im Besonderen multisensual erfahren und erleben (Esch 2018).

▶ Um das Nutzenpotenzial von Markennostalgie auszuschöpfen, sollte sie mit allen Sinnen erlebbar sein.

Ein Großteil der Reize, die auf ein Individuum einwirken, nimmt die Person **visuell** auf (Esch 2018). Wie allgemein im Marketing transportieren im Kontext von Markennostalgie im Wesentlichen die Kommunikation mittels Bildern und Sprache, das Produkt- bzw. Verpackungsdesign sowie die Gestaltung des Point of Sale visuelle Reize. So wirbt die Süßgetränkemarke bizzl mit einem Motiv, das junge Leute an einem Ufer in ausgelassener Stimmung zeigt. Der Slogan ‚Wie früher mit den Eltern. Nur ohne Eltern.' aktualisiert die Beziehung zwischen Individuum und Marke sowie die mit dem Konsum der Marke verbundenen positiven Erinnerungen. Das lächelnde Kindergesicht in der Werbung für und auf den Verpackungen von Brandt Markenzwieback vermittelt nicht nur das Erbe dieser Marke, sondern dient auch als visueller Reiz, um innere Bilder eigener oder erlernter Markenerlebnisse zu aktivieren.

Im Mittelpunkt des Produkt- bzw. Verpackungsdesigns stehen verwendete Farbschemata und charakteristische Designelemente. Ein Fahrzeug im Farbton Verkehrsrot (RAL 3020) lässt auf die Beziehung zu Ferrari zurück blicken, und ein Bohrhammer im selben Farbton erinnert nicht nur an die vielen Löcher, die mit einer Hilti in Beton oder Mauerwerk gebohrt wurden, sondern auch an die Beziehung zur Marke im Allgemeinen sowie zum Verkaufsberater. Analoges leisten charakteristische Designelemente wie der sogenannte Hofmeister-Knick, ein Gegenschwung der Fenstergrafik am Fuße der hinteren Dachsäule, der seit 1961 an nahezu jedem BMW zu finden ist, sowie das Strohpapier, in das jede Underberg-Flasche einzeln eingepackt ist. Ebenfalls Markenerlebnisse aktivieren kann eine kreative, unverwechselbare Ladengestaltung, die gar Markenschutz genießen kann. Dies ist z. B. bei Apple mit einer stets symmetrischen Anordnung langgezogener, rechteckiger Tische unter Verzicht auf eine Kassenzone der Fall.

An Bedeutung haben **auditive Reize** im Allgemeinen und vom Produkt erzeugte Geräusche im Besonderen in den letzten beiden Dekaden gewonnen. Eine markenspezifische Akustik dient nicht nur der Produktdifferenzierung, sondern sie kann zudem im Gedächtnis gespeicherte innere Bilder der bisherigen Beziehung zwischen Marke und Individuum aktivieren. So unterscheidet sich das Öffnen einer Tafel Ritter-Sport akustisch vom Öffnen der Verpackung einer anderen Schokoladenmarke, und der Plopp, den der Bügelverschluss einer Flasche Flensburger Pilsener erzeugt, ist ebenfalls spezifisch. Bei Bahlsen arbeitet ein 16-köpfiges Team am Laut, den ein Biss in einen Leibniz Butterkeks verursacht, und bei Porsche entfallen rund 5 % der Entwicklungskosten eines neuen Fahrzeugmodells auf das Ziel, auch mittels Akustik die Attribute Sportlichkeit und Dynamik zu vermitteln (Esch 2018; Kilian 2007).

Neben produktbezogenen Geräuschen eignen sich auch kurze, einprägsame Tonfolgen bzw. Lieder als Reiz, um innere Bilder zu konditionieren. So erweckt der Song ‚Bacardi Feeling (Summer Dreamin')' bunte, positiv konnotierte Szenen von Sonne, Karibikstrand und, dank eines Glases Bacardi Rum, ausgelassener Stimmung zum Leben, der u. a. von Hans Hartz und Joe Cocker interpretierte Titel ‚Sail Away' versetzt den Hörer mit einer Flasche Beck's Bier an Deck der Dreimastbark Alexander von Humboldt, und ‚Like ice in the sunshine' ruft Erlebnisse eines Individuums mit Langnese-Eis in Erinnerung. Aber auch einprägsame Jingles wie die von Audi, Intel, Lufthansa, Metro-Goldwyn-Mayer (MGM), Tagesschau und Telekom evozieren bildliche Szenen und wecken damit Erinnerungen (Esch 2018; Kroeber-Riel und Esch 2015).

Düfte beeinflussen nicht nur unmittelbar die Wahrnehmung und das Verhalten von Individuen (Kroeber-Riel und Gröppel-Klein 2013), sie können auch als ein Ankerreiz dienen, um im Gedächtnis gespeicherte Informationen ins Bewusstsein zu rücken. Olfaktorische Wahrnehmung hat hierbei gegenüber den anderen Sinnen einen zentralen Vorteil: die Nase gibt als einziges Sinnesorgan einen Reiz direkt, d. h. ohne ihn einer Kontrolle durch das Großhirn zu unterwerfen, an das limbische System weiter, den Teil des Gehirns, in dem Emotionen, Instinkte und Triebe verborgen liegen. Noch bevor ein Individuum einen Geruch bewusst wahrnimmt, werden latent vorhandene Emotionen aktiviert. Zudem veranlassen Düfte den Hypothalamus, Hormone zu produzieren, die das vegetative Nervensystem regulieren und Triebe in Bewegung setzen (Gutjahr 2011).

Da darüber hinaus das menschliche Gedächtnis für Düfte außerordentlich leistungsfähig ist, lassen sich mit einem markenspezifischen Duft unmittelbar innere Bilder sowie die damit verknüpften Emotionen aktivieren. So verströmen heiße Erfrischungstücher an Bord von Singapore Airlines ebenso wie die weiblichen Flugbegleiter bereits vor dem Start einen eigens für diese Gesellschaft kreierten Duft, der nicht nur die Positionierung der Marke unterstützt (Esch 2018; Gutjahr 2011), sondern auch die bisherigen Erlebnisse des Fluggastes mit der Marke in Erinnerung ruft. Dass Air France andere innere Bilder weckt liegt auch daran, dass diese Fluggesellschaft Chanel No 5 auf die Sitze sprüht (Linxweiler 2005). Betritt ein Gast das Hotel Four Points by Sheraton in Chicago, empfängt ihn ein Duft von frisch gebackenem Apfelkuchen. Dies erinnert die Zielgruppe an eine glückliche Kindheit und das heimische Idyll, sodass sich ein Gefühl von Geborgenheit und Wohlbefinden einstellt (Gutjahr 2011). Und auch der typische Nivea-Duft dürfte bei den meisten eine lebendig-bunte Bilderfolge eigener Markenerlebnisse in Gang setzen.

Bei der **taktilen Wahrnehmung** spielen Sensorik und Motorik zusammen: aus Berührung (z. B. des Strohpapiers, in das ein Fläschchen Unterberg eingewickelt ist) und Bewegung (z. B. der Impuls mittels Daumen, um den Bügelverschluss einer Flasche Flensburger zu öffnen, oder das Brechen einer Tafel Ritter-Sport) entsteht ein haptisches Markenbild. Dieses wird, wie auch akustische Markenbilder, i. d. R. nicht isoliert, sondern „ganzzeitlich und im Kontext zu anderen Markenelementen und im Kontext der Situation verarbeitet und bewertet" (Linxweiler 2005, S. 251). Da das menschliche Gedächtnis taktile Stimuli sehr trennscharf wiedererkennt bzw. sehr gut erinnert (Klatzky et al. 1985; Klatzky et al. 1993), eröffnen markenspezifische Erlebnisse bei Berührung und Bewegung insbesondere im Zusammenhang mit Markennostalgie eine substanzielle Chance.

Mit Hilfe von rund 9000 Geschmacksknospen auf dem Zungenrücken nimmt ein Individuum die sechs Geschmacksrichtungen süß, salzig, sauer, bitter, umami (wohlschmeckend) und fettig wahr. Ob separate Geschmacksrezeptoren für alkalisch, metallisch und wasserartig existieren, wird derzeit erforscht. Das Geschmackserlebnis wird jedoch nicht vom **Geschmackssinn** allein, sondern von allen fünf Sinnen beeinflusst. Häufig dominieren Sehen, Hören, Riechen und Tasten sogar das Schmecken. So wird schokoladenfarbig koloriertem Vanillepudding von einer Mehrheit der Probanden der Geschmack ‚Schokolade' zuerkannt (Sehen dominiert Schmecken), und in den Genuss der Durianfrucht (umgangssprachlich auch als Stink- bzw. Kotzfrucht bezeichnet), die als Delikatesse gilt, kommen als Folge ihres Geruchs viele nicht (Riechen dominiert Schmecken). Dass Gehörtes die geschmackliche Wahrnehmung beeinflusst macht sich z. B. Bahlsen bei seinem Leibniz Butterkeks zunutze: Ziel bei der Optimierung des Geräusches, den der Biss in einen Keks verursacht, ist, die Frische des Produktes auditiv zu unterstützen (Esch 2018). Gleichwohl existiert neben der Option, gustatorische Markennostalgie über die vier übrigen Sinne indirekt zu induzieren, auch ein direkter Weg. So erweiterte Mars das Produktportfolio von Wrigley's Extra Professional White um die Geschmacksrichtung Bubblemint, die nicht nur für ein sauberes, frisches Mundgefühl (Leistungsversprechen des Produktkerns) sorgen, sondern auch Kindheitserinnerungen wach werden (Leistungsversprechen der Geschmacksrichtung) lassen soll.

4.3 Das Controlling von Markennostalgie

Wenn eine Marke bei ihrer Zielgruppe Nostalgie auslöst, so ist dies als bedeutender Brand Asset anzusehen, den es zielgerichtet einzusetzen gilt. Wie bei jedem anderen markenbezogenen Entscheidungsgegenstand sollte geprüft werden, ob das Endergebnis, nämlich die Erhöhung der Kaufabsicht aufgrund der wahrgenommenen Nostalgie, erreicht wird. Auch im vorliegenden Kontext umfasst ein professionelles Management die Kontrolle des Zielobjekts und relevanter Begleitfaktoren. Die Definition und Messung von Kenngrößen stellt somit eine wichtige Managementaufgabe dar, um die Markennostalgie langfristig und nachhaltig zu bewahren und auszubauen.

Zentrale Messindikatoren sind neben der durch die Markennostalgie induzierten Kaufabsicht zunächst das grundsätzliche Empfinden von Markennostalgie durch die Zielgruppe und, sofern dies gegeben ist, das Ausmaß, in dem Nostalgie vorliegt. Wie in Abschn. 3.2 beschrieben werden Attribuierungen wie Qualitätsversprechen und Authentizität der Marke von der wahrgenommenen Markennostalgie positiv beeinflusst. Zum Controlling sollte deshalb auch die Messung des Einflusses der Markennostalgie auf diese kaufverhaltensrelevanten Faktoren gehören. Hierbei müssen markenspezifische Unterschiede berücksichtigt werden: Während die Wahrnehmung von Qualität generell für alle Marken von Relevanz ist, gilt dies nicht zwingend für alle Produktkategorien hinsichtlich Status oder sozialer Anerkennung, der bzw. die mit dem nostalgischen Markencharakter verbunden sein kann. Determinanten der Kunden-Marke-Beziehung, wie Markenvertrauen und -bindung, sollten ebenfalls Teil der Messung des Nostalgiestatus sein.

Die gewählten Kenngrößen sollten einen Bezug zu den Dimensionen der Markennostalgie besitzen (siehe Abschn. 2.2.1). Dazu zählen die kognitive Komponente der Markennostalgie mit Umfang und Detaillierungsgrad der Konnotationen zur Markenvergangenheit ebenso wie die affektive Komponente mit Gefühlen und Stimmungen, die die Kunden-Marken-Beziehung auslöst. Das Konzept der Markennostalgie geht von hauptsächlich positiven Gefühlen für die Marke aus. Dennoch ist es zielführend, die Gesamtheit der ausgelösten Emotionen zu betrachten, um etwaig negative Stimmungen gegenüber der Marke ausfindig zu machen und diesen ggf. durch geeignete Maßnahmen entgegenzusteuern. In Tab. 4.1 sind die Indikatoren zur Bestimmung des Nostalgiestatus als Fragen ausformuliert.

Die Kontrolle der markennostalgischen Zielerreichung sollte eingebettet werden in das System des Markencontrollings der Unternehmung. Wichtig ist eine

Tab. 4.1 Zielgrößen zur Messung der Markennostalgie

Wird die Marke von ihrer relevanten Zielgruppe als nostalgisch wahrgenommen und, wenn ja, in welcher Intensität?
Welches Wissen besitzt die relevante Zielgruppe über die Vergangenheit der Marke? Wie ist dieses im Sinne von Breite und Tiefe der Wissenselemente strukturiert?
Welche positiven und ggf. negativen Gefühle löst der Vergangenheitsbezug der Marke bei der relevanten Zielgruppe aus?
In welchem Ausmaß wirkt sich die empfundene Markennostalgie auf Markenzuschreibungen wie Qualität, Langlebigkeit, Stabilität, Sicherheit, Authentizität, Glaubwürdigkeit und auf die Marken-Kunden-Beziehung im Sinne von Markenvertrauen und -bindung aus?
In welchem Ausmaß wird die Kaufabsicht aufgrund der wahrgenommenen Nostalgie gesteigert?

kontinuierliche und langfristig angelegte Messung des Nostalgiestatus. Für die Markenkontrolle schlägt Esch (2018) das Konzept der Brand Scorecard vor, das unterschiedliche Perspektiven und Wirkgrößen der Marke auf eine überschaubare Anzahl an Key Performance Indikatoren reduziert. In eine Brand Scorecard können die angesprochenen Messindikatoren zur Markennostalgie aufgenommen werden. Wichtig ist, dass neben Einzelindikatoren auch deren integriertes Zusammenspiel in der Messung berücksichtigt wird, da sich die Messgrößen teils gegenseitig beeinflussen.

Fazit

Um Markennostalgie mit größtmöglichem Effekt in der Markenführung einzusetzen, müssen passende Strategien und operative Maßnahmen entwickelt und realisiert werden. Auf der strategischen Ebene sind Zielgruppen zu identifizieren, die über eine Markenpositionierung mit Bezug zur Vergangenheit angesprochen und an die Marke gebunden werden sollen. Bei der Umsetzung geht es im Kern darum, geeignete operative Maßnahmen zu implementieren, die das Individuum an positive Erfahrungen aus der Vergangenheit erinnern, die mit der Marke in Verbindung stehen, seien die Erlebnisse selbst erfahren oder tradiert. Ob letztlich das Ziel, die Marke nostalgisch zu positionieren, erreicht wurde, ist über Kenngrößen zu prüfen.

5 Der Bezug zur Vergangenheit als Brücke in die Zukunft

Die Relevanz einer Marke, und damit deren wirtschaftlicher Erfolg, ist davon abhängig, wie gut sie die Vorstellungen und Wünsche der Zielgruppe befriedigt. Vorstellungen und Wünsche der Konsumenten unterliegen jedoch einem ständigen Wandel, der durch den Generationenwechsel, bei dem jüngere Generationen sukzessive die älteren als Nachfrager ablösen, verstärkt wird.

Die Markenführung muss auf diese Herausforderungen reagieren und die Marke in die Zukunft führen, ohne dass es zu einem Bruch mit der Markenhistorie kommt. Die Aufgabe besteht darin, die Marke evolutionär weiterzuentwickeln. Wichtig ist die Konsistenz von Markenkern und -werten im Zeitablauf, d. h. dass die Marke ihrem Kern treu bleibt und sich damit kohärent und loyal zu den ursprünglichen Werten zeigt (Bartier 2011).

Kontinuität und Konsistenz im Marketing von Nivea

Seit 1911 ist die Hautpflegecreme Nivea auf dem Markt. In der Vermarktung setzt man auf Kontinuität und Konsistenz. Das Angebotsportfolio wurde in den letzten Jahrzehnten auf weitere Produktbereiche der Körperpflege, wie Haarpflege oder Männerkosmetik, ausgedehnt, um neue Bedürfnisse zu befriedigen. Immer steht jedoch der Bezug zu den Kernwerten der Marke, Reinheit und Pflege, im Vordergrund.

Auch wenn zwischen den Generationen unterschiedliche Konsumpräferenzen existieren, so stellt dies nicht grundsätzlich das Phänomen der Markennostalgie infrage. Ältere wie Jüngere bewerten Marken mit Vergangenheitsbezug positiver als vergleichbare Pendants ohne historischen Rekurs. Unterschiedlich sind jedoch die vergangenheitsbezogenen Reize, mit denen die jeweilige Altersgruppe wirkungsvoll zu erreichen ist. Bilder oder Stimmungen, die in der Großelterngeneration

S. Jensen und M. Ohlwein, *Nostalgie als Chance für die Markenpositionierung*, essentials, https://doi.org/10.1007/978-3-658-28063-5_5

persönliche Erinnerungen auslösen, wecken in der Enkelgeneration gerade noch historische Erinnerungen. Dies ist besonders vor dem Hintergrund zu beachten, dass persönliche Nostalgie einen stärker positiven Einfluss auf die Markenbewertung hat als historische. Gelingt die Herausforderung nicht, die jüngere Zielgruppe über persönliche Nostalgie anzusprechen, und nimmt diese Altersgruppe lediglich die historische Seite der Markennostalgie wahr, so besteht das Risiko, dass die Relevanz der Marke für diese Konsumentenschicht abnimmt. Es existiert eine feine und keineswegs trennscharfe Grenze zwischen einer als alt wahrgenommenen Marke und einer für den Konsumenten relevanten Markenhistorie. Aus diesem Grund sollten in der Markeninszenierung für die Zielgruppe relevante Stimuli eingesetzt werden, die personalisierte positive Erlebnisse mit der Marke in idealisierter Form wiedergeben, um die Konsumenten auf diese Weise mit der eigenen Vergangenheit zu verbinden.

Abschließend lässt sich festhalten, dass der Vergangenheitsbezug ein grundsätzliches Potenzial für die Markenführung bietet, denn die Sehnsucht nach dem Vergangenen scheint ein urmenschliches Verlangen zu sein, wie es Holbrook und Schindler (1991, S. 330) zusammenfassen, mit deren Zitat diese Ausführungen schließen:

„The phenomenon of nostalgia is almost as old as life itself. Metaphorically, when God banished Adam and Eve from the Garden of Eden, they very soon had reason to look back with longing to how nice things had been in the good old days. Since then, a wistful desire to recapture the dear departed past has haunted humankind.“

Was Sie aus diesem *essential* mitnehmen können

- Herausforderungen, auf die Markennostalgie und Markenerbe eine Antwort sein können
- Definitionen, Abgrenzungen und Hintergründe zu Markennostalgie und Markenerbe
- Warum es sich lohnt, Markennostalgie bei der Zielgruppe zu aktivieren, und wie sich wahrgenommene Markennostalgie auf Einstellungen und Kaufabsicht auswirkt
- Welche strategischen und operativen Stellschrauben dazu dienen können, Markennostalgie aufzubauen, zu pflegen und in einer konkreten Situation gewinnbringend zu nutzen

S. Jensen und M. Ohlwein, *Nostalgie als Chance für die Markenpositionierung*, essentials, https://doi.org/10.1007/978-3-658-28063-5

Literatur

Aaker, D. A. (1996). *Building strong brands*. New York: Free Press.

Aaker, D. A., & McLoughlin, D. (2010). *Strategic market management. Global perspectives*. Chichester: Wiley.

Baker, S. M., & Kennedy, P. F. (1994). Death by nostalgia: A diagnosis of context-specific cases. *Advances in Consumer Research, 21,* 169–174.

Balmer, J. M. T. (2011). Corporate heritage identities, corporate heritage brands and the multiple heritage identities of the British Monarchy. *European Journal of Marketing, 45*(9/10), 1380–1398.

Balmer, J. M. T. (2013). Corporate heritage, corporate heritage marketing, and total corporate heritage communications. *Corporate Communications: An International Journal, 18*(3), 290–326.

Bambauer-Sachse, S., & Gierl, H. (2009). Can a positive mood counterbalance weak arguments in personal sales conversations? *Journal of Retailing and Consumer Services, 16*(3), 190–196.

Bartier, A.-L. (2011). *"Things were better before": What is the power of nostalgia toward the brand?* Working Paper Series, 11/2011, Louvain School of Management Research Institute.

Bartier, A.-L. (2013). An initial step towards conceptualization and measurement of brand nostalgia. *Proceedings of the 42nd annual conference of the European Marketing Academy,* Istanbul.

Bellaaj Gargouri, R. & Akrout, F. (2008). Nostalgie et fidélité du consommateur: le rôle médiateur de l'attachement à la marque. *Proceedings of the 7th International marketing trends conference,* Venice.

Braun-LaTour, K. A., LaTour, M. S., & Zinkhan, G. M. (2007). Using childhood memories to gain insight into brand meaning. *Journal of Marketing, 71*(2), 45–60.

Brown, A. D., & Humphreys, M. (2002). Nostalgia and the narrativization of identity: A Turkish case study. *British Journal of Management, 13*(2), 141–159.

Brown, S., Kozinets, R. V., & Sherry, J. F. (2003). Teaching old brands new tricks: Retro branding and the revival of brand meaning. *Journal of Marketing, 67*(3), 19–33.

Bruce, A., & Jeromin, C. (2016). *Agile Markenführung. Wie Sie Ihre Marke stark machen für dynamische Märkte*. Wiesbaden: Springer Gabler.

S. Jensen und M. Ohlwein, *Nostalgie als Chance für die Markenpositionierung*,
essentials, https://doi.org/10.1007/978-3-658-28063-5

Chaudhuri, A., & Holbrook, M. B. (2001). The chain of effects from brand trust and brand affect to brand performance: The role of brand loyality. *Journal of Marketing, 65,* 81–93.

Chumpitaz, R., Swaen, V., Paparoidamis, N. G., & Bartier, A.-L. (2013). *Modeling buying intentions: The role of nostalgic value, authenticity and brand attachment.* Working Paper Series, 9/2013, Louvain School of Management Research Institute.

Cleeremans, A., & Jiménez, L. (2002). Implicit learning and consciousness: A graded, dynamic perspective. In R. M. French & A. Cleeremans (Hrsg.), *Implicit learning and consciousness. An empirical, philosophical and computational consensus in the making* (S. 1–40). London: Psychology Press.

Davalos, S., Merchant, A., Rose, G. M., Lessley, B. J., & Teredesai, A. M. (2015). 'The good old days': An examination of nostalgia in Facebook posts. *International Journal of Human-Computer Studies, 83,* 83–93.

Davis, F. (1977). Nostalgia, identity and the current nostalgia wave. *The Journal of Popular Culture, 11,* 414–424.

Divard, R., & Robert-Demontrond, P. (1997). La nostalgie: un thème récent dans la recherche marketing. *Recherche et Applications en Marketing (English version), 12*(4), 41–62.

Engelkamp, J., & Zimmer, H. (2002). Free recall and organization as a function of varying relational encoding in action memory. *Psychological Research, 66*(2), 91–98.

Erdem, T., & Swait, J. (2004). Brand credibility, brand consideration and choice. *Journal of Consumer Research, 31,* 191–198.

Esch, F.-R. (2018). *Strategie und Technik der Markenführung* (9., vollständig überarbeitete u. erweiterte Aufl.). München: Vahlen.

Faust, W., & Householder, L. (2009). Get real and prosper: Why social media demands authentic brands. *Design Management Review, 20*(1), 45–51.

Fishbein, M., & Ajzen, I. (1975). *Belief, attitude, intention and behavior: An introduction to theory and research.* Reading: Addison-Wesley.

Fournier, S. (1994). *A consumer-brand relationship framework for strategic brand management.* Doctoral dissertation, University of Florida.

Fritz, K., Schoenmueller, V., Schaefer, D., & Bruhn, M. (2013). What makes a brand authentic and why should we care? Investigating the antecedents and consequences of brand authenticity. *Proceedings of the 42nd annual conference of the European Marketing Academy,* Istanbul.

Goulding, C. (1999). Heritage, nostalgia, and the "Grey" consumer. *Journal of Marketing Practice: Applied Marketing Science, 5*(6–8), 177–199.

Goulding, C. (2002). An exploratory study of age related vicarious nostalgia and aesthetic consumption. *Advances in Consumer Research, 29,* 542–546.

Gutjahr, G. (2011). *Markenpsychologie. Wie Marken wirken – Was Marken stark macht.* Wiesbaden: Gabler.

Hakala, U., Lätti, S., & Sandberg, B. (2011). Operationalising brand heritage and cultural heritage. *Journal of Product & Brand Management, 20*(6), 447–456.

Havlena, W. J., & Holak, S. L. (1996). Exploring nostalgia imagery through the use of consumer collages. *Advances in Consumer Research, 23*(1), 35–42.

Havlena, W. J., & Holak, S. L. (1991). The good old days: Observations on nostalgia and its role in consumer behavior. *Advances in Consumer Research, 18,* 323–329.

Herbst, K. C., Finkel, E. L., Allan, D., & Fitzsimons, G. M. (2012). On the danger of pulling a fast one: Advertisements disclaimer speed, brand trust and purchase intention. *Journal of Consumer Research, 38,* 909–919.

Hirsch, A. R. (1992). Nostalgia: A neuropsychiatric understanding. *Advances in Consumer Research, 19,* 390–395.

Holak, S. L., & Havlena, W. J. (1998). Feelings, fantasies, and memories: An examination of the emotional components of nostalgia. *Journal of Business Research, 42*(3), 217–226.

Holak, S. L., Matveev, A. V., & Havlena, W. J. (2008). Nostalgia in post-socialist Russia: Exploring applications to advertising strategy. *Journal of Business Research, 61*(2), 172–178.

Holbrook, M. B., & Schindler, R. M. (1991). Echoes of the dear departed past: Some work in progress on nostalgia. *Advances in Consumer Research, 18,* 330–333.

Holbrook, M. B., & Schindler, R. M. (2003). Nostalgic bonding: Exploring the role of nostalgia in the consumption experience. *Journal of Consumer Behavior, 3,* 107–127.

Horovitz, B. (11. März 2011). Marketers capitalize on fond thoughts of the good Ol' days. *USA Today*.

Hudson, B. T. (2011). Brand heritage and the renaissance of Cunard. *European Journal of Marketing, 45*(9/10), 1538–1556.

Jensen, S., Ohlwein, M. & Burczyk, S. (2019). Brand heritage vs. brand nostalgia – Same same, but different? *Proceedings of the 22nd AMS world marketing congress, Edinburgh* (Veröffentlichung in Vorbereitung).

Jensen, S., Ohlwein, M. & Fischer, D. (2018). The interplay between brand nostalgia, brand authenticity and brand trust among Generation Y. *Proceedings of the 47th annual conference of the European Marketing Academy,* Glasgow.

Käfer, G. (2005). Ein dialektischer Sprung: Von der Markentheorie zu Handlungsmaximen der Markenführung. In B. Gaiser, R. Linxweiler, & V. Brucker (Hrsg.), *Praxisorientierte Markenführung. Neue Strategien, innovative Instrumente und aktuelle Fallstudien* (S. 631–647). Wiesbaden: Gabler.

Kassarjian, H. H. (1971). Personality and consumer behavior: A review. *Journal of Marketing Research, 8*(4), 409.

Kessous, A., & Roux, E. (2010). Brands considered as "Nostalgic": Consequences on attitudes and consumer-brand relationships. *Recherche et Applications en Marketing (English Edition), 25*(3), 29–55.

Kessous, A., & Roux, E. (2013). Nostalgia, autobiographical memories and brand communication: A semiotic analysis. *Marketing ZFP, 35*(1), 50–57.

Kießling, T. (2013). *Nostalgie und Retro-Trends als Marketingchance: Eine Analyse der Ursachen für die Nachfrage nach vergangenheitsbezogenen Konsumangeboten.* Wiesbaden: Springer Gabler.

Kilian, K. (2007). Multisensuales Markendesign als Basis ganzheitlicher Markenkommunikation. In A. Florack (Hrsg.), *Psychologie der Markenführung* (S. 323–356). München: Vahlen.

Klatzky, R. L., Lederman, S. J., & Metzger, V. A. (1985). Identifying objects by touch: An "expert system". *Perception & Psychophysics, 37*(4), 299–302.

Klatzky, R. L., Loomis, J. M., Lederman, S. J., Wake, H., & Fujita, N. (1993). Haptic identification of objects and their depictions. *Perception & Psychophysics, 54*(2), 170–178.

Knopf, M. (1991). Having shaved a kiwi fruit: Memory of unfamiliar subject-performed actions. *Psychological Research, 53*(3), 203–211.

Kroeber-Riel, W., & Esch, F.-R. (2015). *Strategie und Technik der Werbung. Verhaltens- und neurowissenschaftliche Erkenntnisse* (8., aktualisierte u. überarbeitete Aufl.). Stuttgart: Kohlhammer.

Kroeber-Riel, W., & Gröppel-Klein, A. (2013). *Konsumentenverhalten*. Vahlens Handbücher der Wirtschafts- und Sozialwissenschaften (10., überarb., aktualisierte u. erg. Aufl.). München: Vahlen.

Langner, T., & Fischer, A. (2011). Markendifferenzierung durch Markenhandlungen: Der Beitrag der Motorik zum Markenaufbau. In F. Völckner, C. Willers, & T. Weber (Hrsg.), *Markendifferenzierung. Innovative Konzepte zur erfolgreichen Markenprofilierung* (S. 137–159). Wiesbaden: Gabler.

Lecky, P. (1945). *Self-consistency: A theory of personality*. New York: Island Press.

Leigh, T. W., Peters, C., & Shelton, J. (2006). The consumer quest for authenticity: The multiplicity of meanings within the MG subculture of consumption. *Journal of the Academy of Marketing Science, 34*(4), 481–493.

Linxweiler, R. (2005). Ganzheitliche Gestaltung der Markenelemente. In B. Gaiser, R. Linxweiler, & V. Brucker (Hrsg.), *Praxisorientierte Markenführung. Neue Strategien, innovative Instrumente und aktuelle Fallstudien* (S. 245–269). Wiesbaden: Gabler.

Lord, S. (2008). *Ritualmanagement. Zur Nutzbarkeit von Ritualen im Produktmanagement: Bd. 43. Beiträge zum Produktmarketing*. Köln: Förderges. Produkt-Marketing (Zugl.: Köln, Univ., Diss., 2008).

Lord, S. (2011). Die Nutzung von Ritualen zur Markendifferenzierung. In F. Völckner, C. Willers, & T. Weber (Hrsg.), *Markendifferenzierung. Innovative Konzepte zur erfolgreichen Markenprofilierung* (S. 161–178). Wiesbaden: Gabler.

Loveland, K. E., Smeesters, D., & Mandel, N. (2010). Still preoccupied with 1995: The need to belong and preference for nostalgic products. *Journal of Consumer Research, 37*(3), 393–408.

Marchegiani, C., & Phau, I. (2011). The value of historical nostalgia for marketing management. *Marketing Intelligence & Planning, 29*(2), 108–122.

Meffert, H., Burmann, C., & Kirchgeorg, M. (2015). *Marketing. Grundlagen marktorientierter Unternehmensführung; Konzepte – Instrumente – Praxisbeispiele* (12., überarb. u. aktual. Aufl.). Wiesbaden: Springer Gabler.

Merchant, A., & Rose, G. M. (2013). Effects of advertising-evoked vicarious nostalgia on brand heritage. *Journal of Business Research, 66*(12), 2619–2625.

Mitchell, T. R., Thompson, L., Peterson, E., & Cronk, R. (1997). Temporal adjustments in the evaluation of events: The "Rosy view". *Journal of Experimental Social Psychology, 33*(4), 421–448.

Molander, B., & Arar, L. (1998). Norms for 439 action events: Familiarity, emotionality, motor activity, and memorability. *Scandinavian Journal of Psychology, 39*(4), 275–300.

Molander, B., Arar, L., Mavrinac, R., & Janig, H. (1999). German norms for 439 imagined actions. *Review of Psychology, 6*(1–2), 3–15.

Muehling, D. D., & Pascal, V. J. (2011). An empirical investigation of the differential effects of personal, historical, and non-nostalgic advertising on consumer responses. *Journal of Advertising, 40*(2), 107–122.

Muehling, D. D., & Sprott, D. E. (2004). The power of reflection: An empirical examination of nostalgia advertising effects. *Journal of Advertising, 33*(3), 25–35.

Muehling, D. D., Sprott, D. E., & Sultan, A. J. (2014). Exploring the boundaries of nostalgic advertising effects: A consideration of childhood brand exposure and attachment on consumers' responses to nostalgia-themed advertisements. *Journal of Advertising, 43*(1), 73–84.

Mummendey, H. D. (2006). *Psychologie des Selbst. Theorien, Methoden und Ergebnisse der Selbstkonzeptforschung*. Bielefeld: Hogrefe.

o. V. (2007). *The ritual masters:* BBDO Studie.

Ohlwein, M. (2001). Der Zusammenhang zwischen Einstellung, Verhaltensabsicht und tatsächlichem Handeln. *Jahrbuch der Absatz- und Verbrauchsforschung, 47*(3), 272–289.

Orth, U. R., & Gal, S. (2012). Nostalgic brands as mood boosters. *Journal of Brand Management, 19*(8), 666–679.

Pecot, F., Merchant, A., Valette-Florence, P., & de Barnier, V. (2018). Cognitive outcomes of brand heritage: A signaling perspective. *Journal of Business Research, 85,* 304–316.

Rose, G. M., Merchant, A., Orth, U. R., & Horstmann, F. (2016). Emphasizing brand heritage: Does it work? And how? *Journal of Business Research, 69*(2), 936–943.

Saltz, E., & Dixon, D. (1982). Let's pretend: The role of motoric imagery in memory for sentences and words. *Journal of Experimental Child Psychology, 34*(1), 77–92.

Sierra, J. J., & McQuitty, S. (2007). Attitudes and emotions as determinants of nostalgia purchases: An application of social identity theory. *Journal of Marketing Theory and Practice, 15*(2), 99–112.

Sinus (2017). *Informationen zu den Sinus-Milieus 2017*. Heidelberg: SINUS Markt- und Sozialforschung GmbH.

Stern, B. B. (1992). Historical and personal nostalgia in advertising text: The fin de siècle effect. *Journal of Advertising, 21*(4), 11–22.

Urde, M., Greyser, S. A., & Balmer, J. M. T. (2007). Corporate brands with a heritage. *Journal of Brand Management, 15*(1), 4–19.

van Trijp, H. C. M., Hoyer, W. D., & Inman, J. J. (1996). Why switch? Product category: Level explanations for true variety-seeking behavior. *Journal of Marketing Research, 33*(3), 281.

Wiedmann, K.-P., Hennigs, N., Schmidt, S., & Wuestefeld, T. (2011). Drivers and outcomes of brand heritage: Consumers' perception of heritage brands in the automotive industry. *Journal of Marketing Theory and Practice, 19*(2), 205–220.

Wood, W., & Neal, D. T. (2009). The habitual consumer. *Journal of Consumer Psychology, 19*(4), 579–592.

Zimmer, H. D. (1991). Memory after motoric encoding in a generation-recognition model. *Psychological Research, 53*(3), 226–231.